笑いの日本文化

「烏滸《おこ》の者」はどこへ消えたのか？

樋口和憲

推薦の辞

山折哲雄

柳田国男の『笑の本願』や『不幸な芸術』を読みこんで、ここまで想像力と思考をふくらませた人が、これまでいたでしょうか。ほとんどいなかったのではないかと思います。

著者の樋口和憲さんは長いあいだベルクソンとつき合い、生きものの世界における様々な落差と亀裂の深淵に気づき、またその面白さの前に立ち止まり、笑いの四次元海の中をさ迷いつづけてきた人のようにみえます。

人柄、言葉遣いは一見穏やかなようにも映りますが、その烏滸《おこ》ぶりや虚言文化への傾倒ぶりを知らされていくうちに、いつしかこの人はとんでもない爆薬を抱えて日本文化を脅かそうとしている異邦人かもしれない、とふと思うことがあります。

力作です。仮説にみちた提言の書だと思います。「笑い」のあとは「怒り」ですか、それとも「希望」ですか、あるいは「絶望」というテーマが待ちかまえているのでしょうか。

このあとのさらなる奮闘努力を期待して、推薦の辞といたします。

装画＝村田善子
装幀＝Malpu Design（樋口佳乃）

笑いの日本文化　もくじ

はじめに

日本から、笑いが消えていきました。

あの東日本大震災の直後のことです。心のなかで、笑おうとする気持ちが凍りつき、金縛りになったような感覚で、身近に可笑《おか》しいことがあっても笑う気になどとてもなれない――そんな状態がしばらく続きました。

誰もが犠牲者や被災者とつながっている。誰もが知人の安否を気遣い、誰もが被害の大きさに息をのみ、胸を痛めて、長い喪に服している……。多くの人と同じように、私もあの時期、そのような日々を過ごしたひとりでした。

ところが、その大震災から二週間ほども過ぎたころ、テレビでは、お笑いスタジオ番組が復活しました。被災地ではまだ、自分の家族を必死に探し続け、懸命に生きようとする多くの人たちがいる最中《さなか》です。被災地の困難な状況に、日本中の多くの人たちの真摯《しんし》な思いと祈りが送られている、その現実を置き去りにして、テレビには「笑いの日常」がすぐに戻ってきてしまったのです。私自身もやりきれない思いでしたが、それ以上に東北の被災者がそのことにショックを受け、一部には番組制作者や出演者を殺してやりたいという声さえ上がったとも聞きました。

いま、テレビにはたしかに笑いが溢れています。しかし、この震災直後の例に見るように、受け手の現実の思いを置き去りにして、商品としての「笑い」が一方的に届けられています。番組制作者は安い費用で作れて、それなりの視聴率を稼げるお笑い番組で毎日の番組のコマを埋めているのが現状です。そこには、内輪の悪ふざけのような浅薄で下品な笑い、出演者に変なことをさせて笑いものにしたり、叩いたり小突いたりして馬鹿騒ぎするだけのような、薄っぺらな笑いがあるだけなのに、それが分かっていても作り続けるしかないと彼らは言うのです。

笑いは時間を埋める手軽な商品になり、暇つぶしや気分転換やストレス解消の道具にすぎなくなっているように思えます。私たちの社会は、孤独な笑いを「消費」する一方で、人と人とが関わる日常生活の場からは温かな笑いが失われているのです。

日本の「笑い」は、これでいいのでしょうか。これが本当に「笑い」なのでしょうか。

そもそも「笑い」とは何なのでしょう。

桂三枝（現・桂文枝）師匠という上方落語家がいます。「新婚さんいらっしゃい」というテレビ番組の軽妙な司会で全国的に有名になりましたが、現代世相を取り入れた新作落語はどれもおかしくて笑ってしまいます。三枝師匠は、東日本大震災後の二〇一一年七月、宮城県石巻市と岩手県大槌町、釜石市の被災地を巡り、トラックの荷台を舞台にした「移動あおぞら花月」で笑いを配達しています。これはきちんと被災者と向き合って、人と人とが関わる場に届けられた温かな笑いだったと思います。

その桂三枝師匠が、「六代目桂文枝」を襲名することになり、二〇一二年の二月二十二日、伊勢市の猿田彦神社で、猿田彦大神に笑いの奉納を行いました。三枝師匠は、「お客様に背を向けて落語をするのは初めてだったが、大神様と向き合いながら話をさせていただいた。僕には大神様の笑い声がしっかり聞こえた」と、そのときの感想を述べています。落語の世界では、神に笑いを奉納する伝統があるのです。

このような、笑いを神に捧げる伝統、あるいは、神社の「笑い神事」「笑い祭り」などがいまも残るのは、世界でも日本だけのようです。日本人は生真面目でユーモアのセンスがない民族だという国際的なイメージがありますが、西欧社会とは異なる笑いの文化を築いてきた可能性もあります。日本はどうやら笑いに関しては特別な国のようなのですが、これはなぜなのでしょうか。

じつは、そうした疑問を含めて、日本で初めて「笑い」を研究したのは、柳田国男でした。いまから百三十年以上も前に生まれた、日本の民俗学の創始者、近代日本を代表する思想家です。

柳田は、生活慣習や歴史伝承、民俗信仰などから日本人の伝統文化、アイデンティティや源流を探っていきました。そのなかで、日本の笑いがいかに独特のものであるかに気づき、なかでも、「烏滸《おこ》の者」という存在に注目しますが、その「烏滸の者」の変容を通して、日本人の笑いが変わってきたことに大きな危機感をもつのです。

柳田は、笑い好きの日本人から本来の笑いが消え、「烏滸の者」が単なる馬鹿者、あるいは愚か者、白痴と同類とされるようになってきたことを嘆きました。

では、柳田のいう、その「烏滸の者」とは、どのような存在だったのでしょうか。

いま、試みに辞書を引くと、「烏滸《おこ》」の項には、「おろかなこと。ばか。たわけ」という説明があり、「烏滸の沙汰」などの用例が載っています（『広辞苑』第五版）。

しかし、柳田が注目した「烏滸の者」とは、そのような辞書の説明とはまったく違って、簡単に言えば、進んで人を笑わせ、楽しませる者のことであり、さらに歴史をさかのぼれば、神を笑わせる者につながっています。

かつて日本には、人を笑わせることを目的とするのではなく、笑いを神に捧げ、平安をもたらす役割をもった者がいたのです。笑いを神に捧げる者は、普通の人ではありません。「常ならぬ者」、つまり、異質の者でした。そのような人が、折々に役割を果たすことによって、あるいは、ありのままに存在することによって、社会に安らぎや温かな空気をもたらしていたのです。

柳田が笑いに危機感をもってから約八十年、日本の笑いと、それを取り巻く社会の現状はどうでしょうか。

商品となった笑いは氾濫していても、どこか殺伐としている社会。学校や企業、地域、家族のなかで、あるいは人々が集う共同の場で、朗らかな笑いが減り、笑いとともにあった夢や希望も、人としての尊厳も失われている社会——。そんな社会が現出しているように思えます。どこにいても怒りが溢れ、聞こえてくるのは絶望や嘆き、他人への批判ばかりです。

このような笑いの現状で、「烏滸の者」の末裔たちは柳田が危惧したように日本から消えてしまったのでしょうか。また、笑いの変貌は、世の中の変貌とどうつながり、この先、社会をどう変えていくのでしょうか。

この本では、そうした疑問を背景に、日本人の笑いをその起源や歴史から、また社会の変容のなかから掘り起こし、「文化の現象」として考え直してみようとしています。

人間にとっての笑いの大切さと、「笑い」の世界がもつ底深さ、そして日本人にとっての笑いの意味などを、この本から汲み取っていただけたら幸いです。

第一章　笑いの起源をたどってみれば

ヒトはなぜ笑うのか

まず、「笑い」を語る大前提として、ヒトはなぜ笑うのでしょうか。いや、そもそも笑うのは人間だけなのでしょうか。

いまから二千三百年以上も昔、古代ギリシャの哲学者、アリストテレスは、ヒトは「笑う動物」だと定義しました。笑うことは人間だけに与えられた特権だというのです。

一方、チャールズ・ダーウィンという、十九世紀に進化論を提唱したイギリスの博物学者は、別の見方をします。彼は笑いを人間特有のものとは考えません。

ダーウィンは、笑いの起源について、「偽《にせ》の警告仮説」という理論を打ち立てています。脳科学者の茂木健一郎氏が『笑う脳』という本のなかでそれを紹介しています。

類人猿の群れのなかで、敵が攻めて来たとき、敵を発見した一匹が仲間に危険を知らせる叫びを上げる。外敵が去ったり、あるいはそれが違っていたら、仲間にニヤッと顔の筋肉を緩ませた表情を見せる。「もう安全だ」というサイン、それが笑いの起源だというのです。

つまり、笑いは、ほっとした喜びの思い、安堵のしるしだというわけです。

しかし、ダーウィン説のように、笑いの起源が「偽の警告」によるものかどうかはそれほど重要ではないでしょう。それが偽ものか間違いであったかにかかわらず、身近に迫っていた危険や危機が去る、そのときに、ほっとして、ニヤッと顔の筋肉が緩む。それが笑いの起源だと、ここではとりあえず受け止めておけばいいと思います。

ダーウィンは類人猿に笑いの起源を求めましたが、実際に、笑うことが人間特有のものではないことが、近年の実証的な研究で証明されてきています。

日本はチンパンジーをはじめとする霊長類研究で世界のトップレベルにありますが、その研究によって、人間特有のものと思われていた「新生児微笑《びしょう》」という現象が、チンパンジーにも同様にあることが分かったのです。

眠っているだけのように目を閉じている生まれたばかりの赤ちゃんが、ときどきニッとほほ笑む。それが「新生児微笑」です。生まれて間もないチンパンジーの赤ちゃんも同様に、まどろみの中で目を閉じたままニッと笑うのだそうです。

生まれて三カ月くらいすると、ヒトもチンパンジーも親子で見つめ合い、ほほ笑む姿が見られるようになります。これは「社会的微笑」と呼ばれて、「新生児微笑」とは区別されています。

この「新生児微笑」という現象はとても不思議なもので、ヒトは生まれながらにほほ笑むようにできていると指摘する人もいます。同様に、チンパンジーも生まれながらにしてほほ笑むようにできているのです。

「社会的微笑」では、母親の顔をじっと見て、そのまなざしに安心して赤ちゃんがほほ笑む。これは「微笑のものまね」ともいえるものです。ところが、「新生児微笑」はそうではない。謎のほほ笑みともいえるのですが、「新生児微笑」もまた、赤ちゃんが何かに安心して、ほほ笑むようには思われます。それはもしかしたら、母親の胎内の安全な羊水から旅立ち、長く苦しい胎道を通り、幾多の困難を抜けて、生まれてきたことに対する、「もう安全だ」というサインなのかもしれません。ダーウィンの笑いの起源説から、「新生児微笑」をそのように解釈することも可能です。

このように、ヒトや類人猿の笑いの根源には、危険や危機が去ったときにほっとする喜び、緊張から解放された筋肉と精神の緩み、「もう安全だ」というサインが含まれ、その起源には、類人猿や太古のヒトが危険や危機に直面したときの体験が深く関係していることが推定できるのです。

「神」の発見

類人猿だけでなく、太古のヒト（人類）もまた、自然のなかでは、いまよりもはるかに多くの危険と危機に囲まれて生きていました。では、太古のヒトにとって、最も恐ろしい危険や危機とは何だったのでしょうか。

目に見えるもの、たとえば自分たちを襲う敵であれば、危険や危機がはっきりと分かります。しかし分かるということは、逆にそれほど大きな危険や危機ではないとも言えます。隠れる、逃げるなど、その場での対処の方法があるからです。

だとすれば、太古のヒトにとっては、むしろ目には見えないもの、見えないが周囲にあって脅威をふるう「不気味な力」、それこそが最大の恐怖だったのではないでしょうか。

何が起きているのか、どこから何がやってきたのか、それを起こしたものの姿が見えない、原因が分からない。しかし、命の危険や危機にさらされる何かが起きる。これほど不気味で恐ろしいことはありません。それは現代人にとってもそうですが、太古のヒトも同様だったに違いありません。

何かは分からないけれども、命の危険と危機をもたらす何かの力。太古のヒトはこの「力」に、恐怖とともに、ヒトの力を超えた大いなるもの、いわば、「神なるもの」を見いだしたのではないでしょうか。

そして、目に見えないものの力が、何かによって強く認識できるとき、ヒトはとくに身体を震わせ、大きな恐怖を感じたように思えます。なかでも突然の轟音や閃光とともに、天上から落ちてくる「カミナリ」ほど、太古のヒトにとって恐ろしいものはなかったでしょう。それは目に見えない「神なるもの」を人類が認識する最初にして最大のきっかけだったかもしれません。

天かける瞬時の光と大音響——その雷の破壊力はすさまじく、一回の雷の放電量は数千万から数億ボルト、瞬間の大気温度は最高摂氏二万度から三万度に達するといわれます。気象庁の記録によれば、日本では年間平均二十人、アメリカでも毎年百人以上が落雷で亡くなり、その数はハリケーンや竜巻で死ぬ人より多いのです。

このように、雷は人々に突然の死をもたらし、大地や樹木を焼くほどの大きなエネルギーと破壊力をもつわけですから、人々が雷を神と同一視して恐れ、その轟音を神が鳴るもの、すなわち「神鳴り」と呼んだことも理解できるような気がします。

そのことを、柳田国男は、「雷を最も恐ろしい神と想像していたのも、おそらくはまたあの声を、天の神の笑いと解した結果であろう」（「笑の文学の起原」）と言っています。

天から響きわたる雷のゴロゴロと鳴る音、それをかつて人々は、「天の神の笑い」と考えていたようです。これは日本だけのことではなく、古来、世界中で雷は神と結びつけて考えられていましたし、「雷神」が笑う「雷神哄笑」の系統に属する神話もあります。

たとえば、中国伝来の「神」という漢字は、「申」という字がもとになってできた字ですが、「申」の字はもともと稲妻（雷光）を描いた象形文字から発しています。あるいは、ギリシャ神話のゼウス、ローマ神話のジュピター、北欧神話のトール、バラモン教のインドラなどは、いずれも天空の雷神であり、しかも最高神の扱いを受けています。

インカ帝国が栄えた南米アンデス地方では、やはり、雷は神の力を表し、神は自分に反発したり大事な家畜を殺したりする人間を、雷の力で殺すと信じられているといいます。さらに、この地方では神に雷を落とされた人は生き残ることで神官に選ばれることになるともいわれるのです。

日本の『古事記』神話でも、雷の話があります。国生みを行う二柱の神、イザナギ（伊邪那岐命）とその妻イザナミ（伊邪那美命）。そのイザナミが死んで黄泉の国に行ったとき、その身体には八種類のさまざまな雷が現れていた。それを見たイザナギは恐ろしくなって必死に逃げる。それをイザナミが追いかける。この神話のように、日本の元祖女性神は男性神よりも気強く、しかも雷とつながりがあるのは興味深いところです。

『古事記』神話には、アマテラス（天照大御神）に仕える雷神、タケミカズチ（建御雷之男神）が出てきますが、葦原中国《はしはらのなかつくに》（大国主神が治めていた出雲の国）を平定する重要な神となっています。

このように、雷の強大な力は人々を恐れさせ、神話にもその影響を与えているわけですが、太古のヒトにとって雷は単に恐怖をもたらしただけではありませんでした。

太古のヒトは当初、火を使うことを知らず、寒さに対処する方法も生の食べ物を料理する方法もなく、困っていたでしょう。寒冷期には身体を温める火もなく、生で食べ物を食べ、震えていたのです。それだけでなく、ヒトは大型の猛獣たちの「食糧」となり、襲われて命を失うこともありました。

ところが、あるとき、ヒトは、雷が引き起こした大火事で「火」を発見しました。おそらく、古代のヒトにとって、火を自分でつけることができるようになるまで、落雷は火を手に入れる唯一の機会だったに違いありません。

いわば、神の発見とともに「火」を発見した人類。身体を温め、生の食べ物を料理し、猛獣から命を守ってくれる「火」。火の使用は人間とほかの動物とを分ける最大の特徴でもあります。彼らはその絶大な力を知ったのです。そのとき、太古のヒトは、火を天の神からの贈り物だとも思ったのではないでしょうか。そして、雷から与えられた贈り物としての「火」と、その火が燃え立った場所を、特別の恐れと畏敬の念をもって見たことでしょう。

このように、太古のヒトにとって、神の発見は、「火」という贈り物をもたらしてくれる「天の神の笑い」(雷)とともにあったと言ってもよいのです。そして、この「天の神の笑い」との遭遇による危険や危機が去ったとき、太古のヒトは、おそらく、ほっと喜び、緊張から解放されて、「もう安全だ」という笑みを浮かべ、さらに「火」という贈り物を見つけて歓喜の笑いを発したに違いありません。それは「天の神の笑い」に対する返礼の笑いだったのかもしれません。そのとき、人類の歴史において、神に笑いを捧げる「烏滸《おこ》の者」が産声を上げたといえるのではないでしょうか。

神の訪れの「音」

古代の神は、人の心のなかに「天の神の笑い」とともに存在しました。神はその笑い声、すなわち「音」として太古に発見され、認識されていたのです。

かつて「音」というものは、いまよりもはるかに深い意味をもっていました。

古代漢字研究で有名な中国文学者、白川静の『常用字解』によれば、「音」という漢字はもともと、「言」と「一」を組み合わせた文字でした。

「言」の語源は、「神に誓い祈る祝詞《のりと》を入れた器である『𠙵』（サイ）の上に、もし偽《いつわ》り欺《あざむ》くことがあれば入れ墨の刑罰を受けるという意味で、入れ墨用の針（辛）を立てている形で、神に誓って祈る言葉」です。

この神への祈りに、神が反応するとき、夜中の静寂のなかで祝詞を入れた器《サイ》が内からかすかな音を立てる。それが「音」のもともとの意味で、つまり、「音とは神の『音ない』(音を立てること。訪れ)であり、音によって示される神意、神のお告げ」なのだというのです。

このように、古代社会の人々にとっての「音」は、神の声を意味しました。かつて人々が、雷を「神鳴り」(神の出す音)ととらえ、その音を天の神の笑い声と考えたように、「音」とはすなわち、ある意図を含んだ「神の声」であったわけです。それは神の意思を地上の人に伝えるものであり、神からの贈り物であり、神と人とをつなぐコミュニケーションの一形態であったということもできます。

だとすれば、天からの神の声に応じて、返礼としての笑いを神に捧げる「烏滸《おこ》の者」は、神とのコミュニケーションを司る媒介者であるといえます。「烏滸の者」は、その返礼の前提として、まずは音を聞き分ける人、さまざまな音から神の声を聞くことができる人、神からの贈り物を受け取ることのできる人でもあったのです。

このような神と人との関係について、柳田国男は、「神がこの世の中の何物よりも遥《はる》かに怖ろしく、如何《いか》なる場合にもこれを敵としては、寸時も安穏《あんのん》にあり得ないことを信じてから、人は甘んじて神の笑いを受け、次にはわざわざ笑われるような行為をして、且《か》つは御機嫌を取結び、且つは自分たちの笑われても一言なき者共なることを承認しようとした」と言っています。

神はとにかく恐ろしい。だから神を敵としないように、わざわざ笑われるようなことをして、ご機嫌をとる。神に対して平安を願う、笑いをつくり平和の祈りを捧げる。その役割を果たすのが、「烏滸の者」の祖型だと考えられるわけです。

古代の人々にとっては、雷だけでなく、夜の暗闇をはじめ、自然そのものの内に潜む多くのものが恐怖の的でした。そんななかで、夜、自然の静寂を破って起きる「音」は、人をとくに畏怖させたと思われます。

先に紹介した白川静の漢字解釈ともつながりますが、国文学者で民俗学者の折口信夫は、「まれびと」（客人）としての神は「音」だったと言っています。

家屋の戸を叩く音、「おとづれ」が神だったというのです。古代人の心には、神の笑いや異界からの言葉が「音」としてやってきたというわけです。

ちなみに、このような「おとづれ」の神の末裔が日本では「妖怪」とされ、各地にさまざまな民話が残されています。

たとえば、タタミタタキ、アズキトギ、クワツヅミ、ヤマバヤシ、ベトベトサン、タケキリダヌキなどの妖怪は、名前だけでも何となく音が想像できます。

妖怪は、目に訴えるものよりは耳を襲うもののほうが多かったのです。それは、古代の人にとって、不思議な音の恐怖の体験が、さまざまな妖怪を生み出すもとになったことを表しています。

人々は、得体の知れない不気味な自然の恐怖を形にすることで、そして、その姿を笑いに昇華することで、恐怖を乗り越え、心の平安をもたらそうとしました。

妖怪というものを生み出した古い時代の人々の心をおもんばかると、かつては神の怒り、神の笑い声として理解されていた目に見えない音が、やがて「雷神」という具体的な形で思い描かれるようになり、それがさらに時代を経て、天狗や妖怪などに変容していったことが理解できます。

柳田国男は、日本の妖怪を「神々の零落した姿」だと考えました。それはドイツの詩人、ハインリッヒ・ハイネが『流刑の神々』（柳田の訳では『諸神流竄記』）という本の中で、キリスト教以外の土着の神々が西欧で落ちぶれた姿をそう呼んだことに強く影響を受けたものですが、日本の妖怪は人々が「音」の世界から生み出した元神々の姿だというのです。

このような「妖怪」が現れる以前の世界で、「烏滸の者」は神の音を聞く者、神からの贈り物を受け取る者として存在しました。神の音を聞いて、「音としての笑い」でその返礼をする。繰り返しになりますが、神とのコミュニケーションの媒介者である烏滸の者は、まずは音の世界の住人であり、音を聞く者であったわけです。それは「烏滸の者」の第一の特質だといえるでしょう。

「音霊」の世と銅鐸の謎

これまで見てきたように、かつて、神の笑いは異質の特別な「音」であり、神も「音」として存在しました。現代社会は音が氾濫し、神を音として認識することもなくなりましたが、そのような古代人の認識は、「無文字社会」の時代から生まれたものと考えられます。

無文字社会は、文字のない社会。人間が文字を用いる以前の社会です。あるいは「言葉以前の社会」といってもいいでしょう。そこは、「音」にこそ精霊が宿り、パワーがあると考える、いわば「音霊《おとだま》」の社会であるともいえます。

私は二十年ほど前、アフリカのケニアとタンザニアに二度行ったことがあります。そのとき、アフリカでは太鼓の音によって数十キロ離れた人と会話ができるという話を聞いて大変驚きました。単なる合図ではなく、太鼓の音で対話をするというのです。

「トンツートンツー」のモールス信号での遠隔通信が発明されたのは十九世紀のことですが、そのはるか昔から、アフリカでは太鼓の音で遠隔コミュニケーションが行われていたようです。アフリカは、近代化とは別の歴史をたどり、「無文字社会」の「音霊社会」で発展してきたといえるのかもしれません。

アフリカをフィールドとする文化人類学者の川田順造氏が西アフリカ・モシ族の事例を調査した『無文字社会の歴史』という本があります。

川田氏がモシ族の王の宮廷で歴史伝承の採集を始めたばかりのころ、大きな市の日の早朝に宮廷の前庭で「ベンダ」と呼ばれる語り部、楽師が王の系譜を朗誦するから録音したらよかろうと言われます。早朝暗いうちから待っていると、やがてベンダがやってきて、太鼓を両手で調子良く叩き始めました。川田氏はすぐに録音を始めたけれど、前奏と思われる部分が長いので、テープの節約のために途中で止めて、王の系譜の朗誦が始まったらすぐ再開できるように待ち構えたそうです。ところが、そうやって四十分あまり、終始真剣な面持ちで太鼓を叩き終えると、ベンダは行ってしまった。小姓が前庭の掃除を始めるので、川田氏が不思議に思って、ベンダはまた戻って系譜の朗誦をするのかと聞くと、「朗誦ならいま終わったではないか」と言う。そのとき初めて、太鼓の音だけで歴代の王への賛美が表されたのだということに川田氏は気づくのです。

乾燥地の多いアフリカでは、太鼓の音はまさに天にも届くように、はるか遠くまで伝わります。アフリカの太鼓は天と地を結ぶ祭祀用の楽器でもあります。

それでは日本はどうでしょうか。湿気や森の多い日本では、どんな太鼓の音もはるか遠くまでは伝わらない。それよりも、金属的な音のほうが遠くへ伝わったように思えます。

ここで私が思い出すのは、日本古代最大の謎ともいわれる、「銅鐸《どうたく》」のことです。銅鐸は銅製の鐘のようなものですが、私は、遠隔コミュニケーションの道具、そして何よりも、天と地をつなぐ音を創り出す祭祀用の楽器だったのではないかと想像しています。おそらくは無文字時代のアフリカの太鼓と同じような役割を、日本の銅鐸ももっていたのではないのか、と。さらにいえば、銅鐸は神を媒介するための「烏滸《おこ》の者」の道具ではないか、笑いと銅鐸は音の世界にあって、密接な関係にあったのではないか、そのように思うのです。

しかし、その日本の銅鐸は、不思議なことに三世紀以後、突然に消えてしまいます。しかも文字で書かれた記録にも、銅鐸のことはまったく残されていません。抹殺されたようになのです。記録では天智天皇七年（六六八年）と、和銅六年（七一三年）に、現在の奈良県で銅鐸が見つかり、話題になったようですが、すでに当時の人々はそれが何だか分からなかったらしいのです。

時代は飛んで、昭和五十九年（一九八四年）、出雲の荒神谷《こうじんだに》遺跡から銅剣三百五十八本、銅鐸六個、銅矛《どうほこ》十六個が出土しました。続いて、平成八年（一九九六年）には、出雲の加茂《かも》岩倉《いわくら》遺跡から三十九個もの銅鐸が発見されています。一カ所からこれほど大量の銅鐸が見つかったのは初めてのことですが、それも出雲からということが考古学者たちを驚かせました。

それらは紀元前二〇〇年から紀元二〇〇年ごろの製造、つまり卑弥呼《ひみこ》の時代以前のものです。これだけ大量の銅鐸がもし同時に使用されたと推測すると、強大な音が響きわたったことでしょう。天に向かって音の柱（音柱）ができたに違いありません。しかし、出土した銅鐸を調べてみると、製造の年代が新しくなるにつれて銅鐸は大型化し、音を出す道具としての実用性は低くなったようだとも指摘されています。古代日本にも「音霊社会」があり、それが変遷していくのです。

第二章　神と笑いと日本人

謎の「国栖人《くずびと》」

日本古代の「音霊《おとだま》社会」では、神に対して、銅鐸《どうたく》など祭祀用楽器による音楽や踊りとともに、笑いが捧げられた痕跡があります。神に捧げる笑いは、さまざまな形で日本の笑い文化に遺されているのです。

奈良時代に成立した日本最古の官選歴史書、『日本書紀』の記録にもその「痕跡」が描かれています。

応神天皇十九年十月一日。天皇が吉野宮においでになったとき、吉野の原住民「国栖人《くずびと》」がお酒を献上し、歌を詠んで、それが終わると、口を掌で叩いて仰いで笑ったという場面が描かれています。その記録によると、「国栖の人が土地の産物を奉る日に、歌が終わって口を打ち笑うのは上古の遺風である」というのです。

「上古の遺風」、それがどれほど昔にさかのぼることなのか、定かではありませんが、古代日本にはそのような風習があった。ここでは天皇を神として産物を献上したわけですが、古くから神に酒や土地の産物を捧げるときに、歌って笑うという風習があったことがこの記載で分かります。

ここに出てくる国栖人はどのような人々なのでしょう。『日本書紀』の記述を引いてみます。

国栖は人となりが純朴であり、常は山の木の実を取って食べている。また蛙《かえる》を煮て上等の食物としており、名づけて「毛瀰《もみ》」という。その地は京より東南で、山を隔てて吉野川のほとりにいる。峯高く、谷深く、道は険しい。このため京に遠くないが、もとから訪れることが稀であった。けれどもこれ以後はしばしばやってきて、土地の物を奉った。その産物は栗、茸、鮎のたぐいである。

この記述からすると、国栖の人々は山の民、川の民のようですし、非農耕民であるといえるでしょう。そうすると、笑いを神に捧げる「上古の遺風」は山の民、川の民の慣習であったのか。あるいは「上古の遺風」をもった先住民が土地を逐《お》われて山の民、川の民となったのか。国栖人の祖先とは何者だったのでしょうか。

国栖人が住んだ吉野の国栖といえば、作家の谷崎潤一郎が書いた紀行文ふうの作品『吉野葛』の舞台としても知られていますが、その谷崎も、吉野の高い峯、深く険しい渓谷の様子を描いて、「なるほど、水の流れ、山のたたずまい、さも落人《おちうど》の栖《す》みそうな地相である」と言っています。

一方、柳田国男は、岩手県遠野地方の異聞怪談を集めた『遠野物語』に続く山人《さんじん》研究で、零落した神を信仰する人々や権力闘争に敗れた者の行く末を探るはずでした。柳田は「拙者の信ずるところでは、山人はこの島国に昔繁栄していた先住民の子孫である」（『山人外伝資料』）と言っていたのです。

谷崎が「落人」を連想した国栖人は、この柳田が探求しようとしてやめてしまった「山人」につながっていたはずで、国栖人も縄文人を祖とする日本列島の先住民の子孫であったかもしれません。そこで、まずは日本列島の先住民に思いを向けてみたいと思いますが、古代日本にはどのような人々が住んでいたのでしょうか。

卑弥呼の笑い

先に述べたように、国栖人《くずびと》は純朴で、ヤマト王権の天皇に服従したようですが、『日本書紀』には、日本列島の先住民と思われる「天皇に服従しない荒ぶる者たち」が多く記述されています。彼らはヤマト王権と同じ神を「祀《まつ》ろわぬ者」であったので、「土蜘蛛《つちぐも》」「熊襲《くまそ》」「隼人《はやと》」「熊鷲《くまわし》」「蝦夷《えみし》」など、反逆する異民族の意味をもつ名で呼ばれました。『日本書紀』

によれば、そのなかには、卑弥呼のような、「神夏磯媛《かむなつそひめ》」などの女性を首長とする「祀ろわぬ者」も多くいたのです。彼らがどのような生活をしていたかといえば、たとえば、蝦夷は「冬は穴に寝、夏は木に棲む。毛皮を着て、血を飲む」者だと描かれています。

このような先住民が住む、ヤマト王権以前の日本はどのような社会だったのでしょうか。日本最古の歴史書『日本書紀』よりもさらに古い中国の記録を見てみましょう。

国栖人の記述のある応神天皇は四世紀後半の人物といわれていますが、三世紀末に書かれた中国の書物『魏志倭人伝』には当時の日本人の様子が描かれています。中国正史の日本に関する記録で最も古いのが、『三国志』のひとつ、魏の歴史書『魏志』の東夷伝、倭人の条。通称『魏志倭人伝』です。

当時は、前述した祭祀の楽器、銅鐸が突然消えたのち、卑弥呼が登場していた時代です。その記録によると、日本（倭国）は、女性が多く、みな百歳か八十、九十歳まで生きるほど長生きだったといいます。人々は稲や麻を栽培し、養蚕をして糸を紡ぎ、絹・綿織物を作る。会合に男女の区別なく、大人《たいじん》（上層階級）には四、五人の妻が、下戸《げこ》（下層階級）の男性でも二、三人の妻がいて、女性が焼きもちを焼くこともなかったとされています。それらのことを考えると、当時の日本は実際には女性主体の社会だったと言えるのでしょう。

当時は寒冷期で農業生産が大打撃を受けたと思われ、乏しい物資や資源をめぐる争い、つまり人口増加に伴う農地拡大や水利権争いで、小国同士の戦乱が絶えなかったようです。また大人と下戸の間には厳格な礼儀が要求され、生口《せいこう》（奴隷）がいたようですから、かなりの身分制社会であったと推測されます。

「年が長じても、嫁に行かず、鬼神の道に仕え、よく妖をもって衆を惑わす」

これがこの記録に残る卑弥呼の大きな特徴です。「よく妖をもって衆を惑わす」の「妖《あでやか》」という漢字は、巫女（神に仕える女）が身をくねらせて舞う姿からきていますが、卑弥呼は女性の魔術的な力をもっていたのかもしれません。

キリスト教が土着の民間信仰や呪術的なものを扱う女性を「魔女」と呼んでいたように、当時の中国から見ると、日本の土着の民間信仰や呪術的な習俗が「鬼神の道」だったのでしょう。妖しい術で、民衆を惑わすというのです。

『魏志倭人伝』によれば、倭人は裸足で、顔や身体に入れ墨をしていました。入れ墨は、魚や蛤《はまぐり》を捕るために海に潜るときの大魚や水鳥を追い払うまじないであり、飾りとなり、それが国によって模様が違い、身分の上下などを示したといいます。ですから、稲や麻を栽培するといっても純粋な農耕民族ではなく、むしろ狩猟漁労が融合する非農耕民に近い生活だったのではないでしょうか。

『日本書紀』景行天皇二十七年春二月十二日の記述のなかに、蝦夷は「体に入れ墨をしていて勇敢です」とあり、卑弥呼の時代の倭人が蝦夷と共通の「入れ墨」という習慣をもっていたことが分かります。また、倭人は挙事（事始め）や旅などの際には鹿の骨などを焼いてその裂け目で吉凶を占いました。まじないや呪術を中心とした社会だったわけです。

卑弥呼は、そのような吉凶を占う力だけでなく、天候を見る力、透視力、予知能力、あるいは病気を治し、癒やす力など、ローマ社会でイエス・キリストが人々に見せたような、さまざまな奇跡を起こす力をもっていた（人々にそう思われていた）のではないでしょうか。

王になってからは、人々の前に顔を出すこともほとんどなく、厳しい法律で統制したようですが、私の勝手なイメージは、「烏滸《おこ》の者」としての「笑う卑弥呼」です。古稲作、狩猟漁労民族の太陽神の巫女《みこ》である日巫女《ひみこ》。その卑弥呼が、シャーマン（巫者）としてケガレ（穢れ）を祓うため、神に捧げたものは何であるかを考えたとき、柳田国男のいう「烏滸の者」の祖型、すなわち、神に笑いを捧げる者の姿がすぐに思い浮かびます。

それと、もうひとつ。卑弥呼は二三八年六月、魏に使いを送り、銅鏡百枚を授かっています。

女性と鏡は切っても切れませんが、貴重な銅鏡を百枚も授けるとは、女性の王に対する魏の側の配慮だったのでしょうか。それはともかく、銅鏡はその後、日本でも祭器としての役割をもち始めました（現在でも天皇家の三種の神器のひとつは「鏡」です）。

その意味では、卑弥呼は時代の革新者だったといえるかもしれません。

それまでの音霊を司る「銅鐸」の時代から、新たな「銅鏡」の時代への大転換。つまり、「音」（聴覚）の社会から「視覚」の社会への転換が、卑弥呼の銅鏡によって果たされた。銅鐸も小型のものから大型のものへ変化したようだと前述しましたが、それは銅鐸が、音を聞くものから見るものへと変化したことを意味し、その「視覚化社会」を、卑弥呼は銅鏡を使ってさらに進めたと見ることができるでしょう。

高いところに、民衆に見上げられながらひとり立ち、銅鏡に太陽を反射させる卑弥呼。その手の内で黄金の輝きを放つ反射光――。それはまさに太陽神と一体化する卑弥呼の姿です。卑弥呼は「銅鏡」を、太陽神が降臨する「依代《よりしろ》」（神を呼び寄せ、神が宿るもの）として用い、太陽神と一体化する自身の姿を民衆に見せながら、ケガレを祓う捧げ物を、すなわち天まで届くような甲高い笑いを、高台から響かせたのではないでしょうか。私が思い描く「烏滸の者」としての卑弥呼、天の太陽神に笑いを捧げ、共同体社会に平安をもたらすシャーマンとしての卑弥呼の姿です。

巫女たちの行方

当初、神は「音」として認識され、神のもたらす厄災を恐れた人々は平安を願って神に捧げ物をした、と前に書きました。その意味では、古代の祭祀で鳴らされた銅鐸《どうたく》は「音」の捧げ物であり、強力な「音」にはケガレを祓う役割と力があると信じられていた「音霊《おとだま》社会」の姿が理解できます。

一方、「笑い」はといえば、人間の出しうる最大最強の音が「笑い声」であり、笑いは「音」として神に捧げられていたことも容易に想像できます。

そして銅鐸は消えても、「音としての笑い」は音霊社会の名残として残り、卑弥呼によっても祭祀に用いられていた（二十一世紀の現在も一部の神社の祭礼で用いられていることは後述します）——。私が「烏滸《おこ》の者」としての「笑う卑弥呼」をイメージするゆえんを示せば、こういうことになるでしょうか。

卑弥呼は戦闘的な男性社会のなかにあって、祭祀の力で共同体社会に平安をもたらします。「烏滸の者」とは非攻撃的、非好戦的、非暴力的で非残虐的な存在です。先に「烏滸の者」の第一の特質として、音を聞く存在であることを述べましたが、この非攻撃性こそが「烏滸の者」の第二の特質だといえるでしょう。

日常の人間関係を考えてみても、攻撃的で怒りっぽい人が他人を笑わせることはできません。ましてや神を笑わせることなど不可能でしょう。「烏滸の者」は何よりも攻撃的でない人、非好戦的で無防備な人です。そのような性格の「烏滸の者」は、かつては卑弥呼の例に見るように女性が務めるのが一般的でした。

現在でも沖縄社会には、祭りを司る「カミンチュ」（神人）や「ノロ」（祝女）と呼ばれる女性たちがいますが、その名残は神社の巫女で、日本の原始神道における巫女は、神を祭り、神に仕え、神とこの世を結ぶ媒介者として存在しました。柳田国男が注目した古代の「神に笑いを捧げる者」と、中世の文芸に現れる「烏滸の者」との間にはミッシングリンク（失われた環）がありますが、そのミッシングリンクを埋めるのが巫女の存在なのではないかと私は思っているのです。

そのような「烏滸の者」としての巫女はしかし、歴史のなかで消えていきます。それはなぜだったのでしょうか。

権力者は「烏滸の者」の対極の存在で、攻撃的、好戦的で暴力的です。権力者はいつの時代も笑いの力を非常に恐れ、弾圧しようとしました。それは、笑いには暴力や攻撃なしに権力的秩序を破壊する力があるからです。私たちは歴史を振り返るなかで、そのような事例にたびたび出会うことがあるでしょう。

古代日本において祭祀と神事を司った「烏滸の者」としての巫女も、男性神職にその力を奪われ、やがて、西欧社会で魔女狩りの対象となった「魔女」のように恐れられ、社会的に弾圧されて、漂泊の身になったり、消えていったりした形跡があります。

巫女的女性のもつ笑いの力。それは古代社会の時の男性権力者たちが最も恐れたものだったのかもしれません。

邪馬台国の卑弥呼の時代が終わり、ヤマト王権の男権社会の時代になると、音（音霊）の社会は、「言葉」の社会へと転換し、女性のもつ宗教的権威も男性の手に移っていきました。音霊社会で天の神に「音」と笑いを捧げ、届けることが重要と考えられていたものが、やがて、「音」そのものよりも、「言葉」を捧げることが重要とされる時代になります。指導者が「言葉」の力によって稲作共同体社会を支配していく「言霊《ことだま》時代」が始まるのです。

天と地を循環する神

先に述べたように、「天の神の笑い＝雷」に対して、笑いの返礼をする。これが古代の人の原初的な神との関係だったのではないかと私は考えました。

「雷」もそうですが、かつて世界には、神との関係を築く、「天と地を結ぶもの」がありました。「樹」や「柱」「橋」「塔」など、天と地を結ぶものを通じて、神や人の霊が自由に行き来した時代が、人々にそう信じられていた時代が、あったのです。別の言い方をすれば、神は天と地を循環していたのです。

たとえば、『古事記』には、「天《あめ》の浮橋《うきはし》」が出てきますが、これは高天《たかま》の原《はら》（天上）と葦《あし》原中国《はらのなかつくに》（地上）をつなぐ「橋」でした。イザナギ（伊邪那岐命）とその妻のイザナミ（伊邪那美命）がそこに立って、天《あめ》の沼矛《ぬぼこ》で海水をかき回して最初の島をつくり、日本という国をつくっていった場所です。

また、長野県の諏訪大社では、いまでも七年ごとに「御柱祭《おんばしらさい》」が行われ、遠い山の上から切り出した巨木（ご神木）を、多くの人々が命がけで里まで引っ張ってきて、諏訪大社の四社の四隅に立てますが、これも「樹」や「柱」が天と地を結び、神が天と地を行き来していた時代の名残なのでしょう。

雷が「天の神の笑い」であり、天と地を結ぶものであったように、そして大樹や柱がそうであったように、人間の笑いも天と地を結び、しかも「依代《よりしろ》」を必要とせずに、最も直接的な神との関係をつくっていました。

笑いは「天の神」と古代の人との交歓であり、私なりの別の言葉を使えば、「あの世」と「この世」を結ぶコミュニケーションの一種でもあったわけです。

かつて日本では、「あの世」というものは身近な世界として人々の心にありました。

室町時代の臨済宗大徳寺の僧、一休和尚が読んだといわれる「門松は冥土の旅の一里塚めでたくもありめでたくもなし」という有名な句がありますが、死後の世界（あの世）は、冥土、あるいは他界などと呼ばれ、神や仏も住む世界として、かつてはごく当たり前に存在すると考えられていたのです。

お盆になれば、先祖があの世からやってくる。だからお迎えをする。お盆が終われば先祖はまたあの世に帰っていく。同じように、祭りでは神があの世からやってくる。祭りが終われば神はまたあの世に帰る。そのようにして、先祖も神もあの世とこの世を行き来していたのです。しかも、ただ行き来するだけでなく、お互いの世界を豊かにするよう助け合う。そのようなあの世とこの世との相互扶助の関係がそこにはあったように思うのです。

そうした「あの世とこの世の相互扶助」の関係は、語り継がれてきたアイヌの神話からも知ることができ、そこからはさらに、古い時代の縄文（狩猟民）の神と人との関係を類推することもできます。笑いを神に捧げた、山の民である国栖人は、どこかでアイヌにつながっているかもしれません。

儀礼におけるアイヌの神（カムイ）は、天上から地上に「外装」をつけて現れます。たとえば、熊祭りはアイヌ語で「イオモンテ」（神送り）と呼ばれていますが、熊は、熊の姿の「外装」をつけてやってきた「山の神」（カムイ）なのです。

神からの贈り物をいただくときには、神にも天上へお土産をもって帰ってもらわなければなりません。神からのお土産（贈り物）である「外装」としての毛皮、おいしい肉を感謝して大切にいただく一方で、残った骨や内臓の一部を「祭場」に積み上げ、神が喜んでくれそうな品物、酒やご馳走をたくさん供えます。神の霊を天上に送り返す盛大な儀式を行うのです。そして、天上に還った神は、自分が地上で歓待されたことをほかの神に自慢します。それを聞いた別の神は、「よし、自分も地上に行こう！」とまた地上の人々のところに来てくれるというわけです。

このように、天上の神が地上に降りて地上に豊かさと恵みをもたらし、地上に降りた神は地上で歓待されてその喜びを天上に持ち帰る。そして神はまた地上に降りてくる。言い換えれば、神は天と地を循環し、神に循環してもらうことで地上には豊かさと恵みがもたらされ続ける。だから人は神を歓待する。これが狩猟民の世界における考え方であり、あの世とこの世が相互扶助で結ばれている基本的な姿でした。

このような具体的で野生的な相互扶助の原理は、のちに渡来した稲作民の社会では消えたのかもしれません。しかし、天と地を結ぶ相互扶助の関係は消えてしまったわけではありません。それは別の異なる形で現れてくるのです。

たとえば柳田国男が、「春に山の神が里に下って、田の神になり、秋の終わりにまた田から上がって山に還って山の神になる」という言い伝えがあると書いているのは、「天と地」

の関係が「山と里」の関係に置き換わった相互扶助のことを示唆しているのかもしれません。「天の神」がどのようにして山の神や田の神などの「土地の神」となっていくのかは、のちほど言及しようと思いますが、繰り返せば、古代においてはまず雷のような自然の脅威や、人間の命を脅かすようなものが神となりました。熊や蛇、狼などの動物もまた、人間の命を奪うほどの力をもっているゆえに神となって怖れられたのです。そして人の命を奪うような強いものを神として祭ることで、人間は危険や危機のマイナスを逆のプラスに転換していくようになります。アイヌ神話における熊の恵みもそうですが、これは日本古来の「怨霊信仰」、つまり祟《たた》るものを神として祭り、マイナスをプラスに転換していく考えにもつながっていきます。

神への捧げ物

神は、人類の歴史上、さまざまな時にさまざまな場所で「発見」されてきました。そして、たとえば天の神の笑い（雷）がいつどこで起こるか分からないように、神はいつどこで発見されるか分からないものでした。

しかし、その居場所の分からない神と、人がコミュニケーションをとろうとしたとき、人間の側はどこで何をしたのでしょうか。

日本で神を祠《ほこら》や社《やしろ》に祭るようになったのは、奈良時代ごろからだといわれています。それ以前にはもちろん、その祠や社の場所には何もありませんでした。

いまでも沖縄などには、神の降りる聖地である、「御嶽《うたき》」と呼ばれる場所がありますが、「御嶽」には祠も社も何もありません。神木や神石すらないところもあります。しかし、もともと神は非人格的な自然の巨大な力の現れとして発見されたのですから、そのようなところが、神の降り立つ本来の場所ではあったのでしょう。

天の神は、もともと特定の場所にいるわけではなく、祠や社に定住するものでもありませんが、人々が定住生活をするようになると、ある時ある場所で発見された神が、特定のゆかりの場所を与えられ、やがて人々が造った祠や社に定住させられるようになっていきます。

それは雷が落ちて火の起きた場所や、虹が立った場所だったり、何か恐ろしいもの、たとえば大蛇の巣があったところや、何か大事なもの、たとえば金、銀などが見つかったところだったかもしれません。あるいはもっと分かりやすく、いかにも神が降り立ちそうな神々しい樹木や巨石のあるところを、聖なる結界の場所としたかもしれません。いずれにしても、そのような特定の場所が、そこに生きる人々にとっての「神の住まい」となっていきました。

そしてそれが、地域ごとに根づく「土地の神」の始まりでもありました。

ところで、そのようにして神を住まわせたとはいえ、人々の側からすれば、神はやはり目に見えない巨大な力をもち、畏怖、恐怖の存在であることに変わりはありません。だから、怒らせてはいけない。そうでないと、命を脅かす危険や危機がやってくる。だから、安心と平安をもたらすためには、その場所に祭った神を喜ばせなければならない……。人々はそう考えたに違いありません。

安心と平安を求めて、「土地の神」を喜ばせ、その恵みを受けるためにはどうすればよいのか──。そう考えた人々は、アイヌの「熊送り」の儀礼でも触れたように、古来、世界中で、そしてさまざまな形で、神に対する供え物、捧げ物をしてきました。

たとえば、日本人は正月に初詣をし、神社でお賽銭をあげます。金銭を神に供えるようになったのは、貨幣が普及してからのちの都会的な風習ですが、それ以前は白紙でお米を巻いて神に供えていました。神に捧げるお米は、「初穂《はつほ》」、つまり、天変地異に遭わず、安全で安心に豊かな実りがあるように神へ捧げた「初ものの稲穂」に由来するのです。

「初穂」は稲作社会で古くから神に捧げるモノですが、先に「国栖人」の例をあげたように、日本人はさらに特別なものを「土地の神」に捧げてきた痕跡があり、それが「笑い」なのだと私は考えているのです。

「笑い」は、もともと「音」として神に捧げられた、「依代《よりしろ》」を必要としない直接的な「天の神」との交流手段だっただろうと前に書きました。それは「国栖人《くずびと》」のような山の民、川の民と神との、いわば一本の線としての関係ですが、稲作民の「土地の神」が生まれると、今度はその土地の「ウチ」と「ソト」という空間的な考え方が出てきます。

稲作共同体の社会では、どこでも「ウチ」と「ソト」の意識が強くつくられていきますが、そこではとくに、稲が順調に育って「ウチ」側の社会に平安がもたらされることが重要になります。そのような「神の恵み」が必要になるのです。では、そうした「ウチ」側への神の恵みは、どんな神によってもたらされるのか。それは「天の神」というよりは「土地の神」だと考えた人々は、自然と「土地の神」への崇拝を深めていき、神を喜ばすための供え物や捧げ物も、その土地なりの産品や儀礼作法を加えて、特徴あるものにつくり上げていきました。

捧げ物としての「笑い」も同様です。「土地の神」を喜ばせるための「笑い」は、それぞれの土地で生まれて変容しながら、いまも各地に「笑い神事」や「笑い祭り」あるいは「笑いの芸能」として残っています。笑いを神に捧げる「烏滸《おこ》の者」も同様です。「烏滸の者」も国家や権力の影響を受けながら、それぞれの土地、時代のなかで変容していくのです。

そうした古い起源や歴史をもつ「笑い」の具体的な例については、このあとまとめて紹介しますが、ここではその前にもう少し寄り道をして、「笑い」が捧げられてきた「土地の神」

というものと、その神々が「笑い」を重要な要素として活躍する物語、「神話」について考えてみたいと思います。

「土地の神」との交流

近代以前の長い歴史を通じて人々が崇拝してきた「土地の神」は、近代化が進んで以来、急速に消え去ろうとしています。これは日本に限らず、世界中で見られる現象ですが、国や地域ごとのさまざまな理由から、「それぞれの土地にはそれぞれの神が住む」という観念が消えてきたのです。

たとえばヨーロッパの社会では、歴史上の早い時期から、キリスト教が地域ごとの「土地の神」を一掃していきました。

古代ギリシャや古代ローマが多神教社会だったことからも分かるように、ヨーロッパにもかつては多くの神々が存在しました。ローマ在住の歴史小説家、塩野七生氏の『ローマ人の物語』を読むと、ローマ時代の神々は最盛期には三十万もいたようですから、大変な数です。各地にそれぞれの「土地の神」がいたわけです。

ところが、ローマ帝国の皇帝テオドシウスがキリスト教を国教と定めたときから、キリスト教の排他的な「一神教」化が公式に始まります。西欧社会ではその後、母なる大地を体現していた母神や土着の古い神々は次第に退けられました。

世界中どこでも同じ神を信仰するグローバルな「一神教」にとって、ローカルな「土地の神」は信仰の邪魔者だったのでしょう。それだけでなく、近代合理主義の考えと実際の近代化によって、「土地の神」の排除は進み、その結果、自然を破壊しても神の祟《たた》りを恐れることもなくなって、森林はさらに伐採され、土地はさらに開墾されて、近代の開発はとどまることなく進んでいきました。

一方、日本ではどうだったかといえば、じつは近代に至るまで、「土地の神」は多様な姿で生き残っていました。

日本人は、それぞれの土地にそれぞれの神がいるという意識を、近代社会が発展してもなお心のどこかでもち続けてきたのです。明治維新以降、急速な近代化を進めながらも、一方では土地ごとに神がいると信じて育った日本人と、土地と神が切り離されて、土地をただの「物質」とみるに至った人々とでは、同じ近代人でも、まったく違う人種だとさえ言えるかもしれません。

近代化が、さらに速度を増して進むなか、さすがに今日の日本人は「土地の神」を忘れつつあるのかもしれませんが、それでも人生の節目節目や四季折々に、古来からの「土地の神」との交流をいまも続けています。

たとえば、身近なところでは初詣や七五三の宮参りもそうでしょうし、季節ごとの神社の祭りもそうでしょう。日本各地でその土地の神に祈願し、感謝するさまざまな祭りは連綿と続けられています。祭りで人々が担いでまわる「神輿《みこし》」は、その土地の氏神の神霊の乗り物です。神輿には「土地の神」が乗っているのです。

あるいは、「産土神《うぶすながみ》」は生まれた土地を守護する神として信仰されていますし、家を建てるときには必ず、「地鎮祭」を行います。地鎮祭は土地に宿る神霊を鎮めるための儀式です。建築の安全を祈願し、住み心地のよい家ができあがるように、そのことを「土地の神」と約束するように、日本人は地鎮祭を行うのです。

近代化で自然を破壊しても、どこかで「土地の神」の存在を忘れてはいない。そんな日本人にとって、「土地の神」は自然の力との共存の象徴なのかもしれません。言い換えれば、日本人は、「土地の神」と共存する伝統をもち続けている民族であり、その共存関係のしるしが神への供え物、捧げ物であり、その意味では神に捧げる「笑い」もまた、「土地の神」との最も古い共存関係のしるしだといっていいでしょう。

笑いで神を楽しくさせ、喜ばせ、神からも恵みをいただく。その共存関係は、前述のように、あの世とこの世が相互に支え合う「相互扶助」の関係であるともいえます。神はあの世とこの世を行き来し、そのいずれにも力を及ぼすものと考えられたからです。

しかし、「土地の神」を楽しませ、喜ばせる人、と言葉では簡単に言っても、普通の人ではなかなか神は喜ばない。神を喜ばせる供え物が、貴重な初物や選りすぐりの産品だったのと同様に、「笑い」もまた、それをつくり出して神に捧げることができるのは特殊な人だろう、と人々が考えたのは無理もありません。先にも述べたように、柳田国男に言わせれば、その役割をもったのが「烏滸の者」たちでした。

神話の神々の笑い

「烏滸《おこ》の者」は、このように人間の側にいて神を笑わせ、社会に平安をもたらす存在ですが、その役割を、ほかならぬ神が負い、「烏滸の神」がほかの神々を笑わせるのが「神話」の世界です。

神話はもともと、アイヌの神に見られるように狩猟民の「天と地を循環する神」の観念でつくられていたと思われますが、やがて『古事記』に見られるように、天の神と地の神が分裂し、闘争する物語へと変わっていきます。古事記神話が伝えるのは、「天つ神」(天の神)が「国つ神」(地の神)を平定し、支配していく過程の物語であり、人格化された神々が、この世の支配権を求めて闘い、さまざまな危機や危険を乗り越えていく姿です。

そこには神話を編纂した人々の政治観や社会観が映し出されているはずですが、同様に、神話に現れる「笑い」には、古代人の笑いに対する世界観が示されているのではないかと考えられます。日本神話に現れる笑いは、古代の音霊社会、卑弥呼以前の笑いのありようをも示唆してくれるものなのかもしれません。

さて、その日本神話のなかでの「笑い」といえば、まず『古事記』のアメノウズメ（天宇受売命）の物語をあげなければならないでしょう。

アメノウズメは「巫女の祖先神」とも呼ばれる女神ですが、この笑い神話には、世の中が危機に陥ったときに、それを救うものとしての笑い、いわば人間が危機に立ち向かうのに有効な武器（機能）としての笑いが、さまざまな要素を含んだひとつの原型として描かれており、「笑いとは何か」「烏滸の者とは何か」を考えるうえで大変注目すべき神話だといえるでしょう。

この神話の前半部分は、まずスサノオ（須佐之男命）の話から始まります。スサノオは、父イザナギ（伊邪那岐命）から、海原を支配するよう任されます。しかし、スサノオは甘えん坊で、海原を統治せず、死んだ母イザナミ（伊邪那美命）のいる黄泉《よみ》の国に行きたいと泣いてばかりいるので、父イザナギから追放されます。そしてその後、姉のアマテラス（天照大御神）の支配する高天《たかま》の原《はら》にやってくるのですが、そこで乱暴狼藉《ろうぜき》を働くのです。

高天の原に行ったスサノオは、アマテラスが耕作する田の畦《あぜ》を壊し、灌漑用の溝を埋め、また新米を召し上がる神聖な神殿には糞をまき散らす。さらに、アマテラスが神聖な機織場にいて、神に供える衣服を機織女に織らせているときに、機織場の棟に穴を開け、まだら毛の馬を尻から逆さまに皮を剥ぎ取って穴から落とし入れる。機織女はそれを見て驚き、器具の梭《ひ》で陰部を突いて死んでしまう。さすがに怒ったアマテラスが天《あめ》の石屋戸《いわやと》に籠もり、世の中を真っ暗にしてしまうのです。

アマテラスが天の石屋戸に籠もって世の中が暗黒になるという前代未聞の危機に、神々が立ち向かっていくのが、この笑い神話です。

危機が生じると、多くの神々が天の安河原に結集してきました。そして、知恵者のタカミムスヒ（高御産巣日神）の子、オモイカネ（思金神）に次のような対策を考えさせました。

まず、夜に暁を告げる長鳴鳥《ながなきどり》を集めて鳴かせる。次に河原の川上にある堅い石と鉱山の鉄を取ってきて、鍛冶のアマツマラ（天津麻羅）に精錬させ、イシコリドメ（伊斯許理度売命）に鏡を作らせる。そして、タマノヤ（玉祖命）に五百の勾玉《まがたま》を貫く八尺の玉飾りを作らせる。アメノコヤネ（天児屋命）とフトダマ（布刀玉命）には、天の香具山の雄鹿の肩骨を抜き取り、桜の木でその鹿の骨を焼き、占いをさせ、これらの作ったものを供え物として、祭式の次第を準備させます。

そして、アメノタヂカラオ（天手力男神）が天の石屋戸の入り口に隠れて、いよいよアメノウズメの登場です。

アメノウズメが天の石屋戸の上に、桶を伏せ、その上で桶を踏み鳴らして踊り狂い、神懸かりして、乳房をかき出し、裳《も》の紐を垂れて、女陰を露出します。アメノウズメは『古事記』の英訳版ではストリッパーの神として紹介されていますが、そんな「あられもない」アメノウズメの姿に、神々は笑い出し、高天の原はどっと鳴り響きました。

すると、いったい何が起きたのかと、アマテラスが天の石屋戸から顔を出し、アメノコヤネとフトダマが差し出した鏡を不思議そうにのぞき込んだところを、アメノタヂカラオが引っ張り出します。すぐにフトダマが注連縄《しめなわ》で天の石屋戸を封印して言います。

「これから内へはもう帰れませせぬ」

こうして、高天の原（天上）と葦原中国《あしはらのなかつくに》（地上）には光が戻ってきたと、この神話は伝えています。

さて、ここまでの話で、何人の神々が光を取り戻すために登場したでしょうか。八人です。八は多いことの象徴、かつ八百万《やおよろず》の神の象徴でもあります。この神々が連携プレーで、光を失うという高天原の未曽有の危機を救うのです。逆に言えば、スサノオの乱暴狼藉が、他の多くの神々の知恵や団結、協力や連携とを引き出し、最後にはアメノウズメの踊りが笑いを起こし、アマテラスの再生を促したのだと言えなくもありません。太陽が隠れるほどの大災害、最大の危機を、笑いが救い、世界が再生するわけです。

この神話は、先に述べた古稲作民族の太陽神への笑いの献上（捧げ物）に深くつながっています。

アメノウズメは、神々を笑わせ、天の神、高天の原の最高神（アマテラス）に笑いを捧げました。

アメノウズメは、異常な眼力をもち、異形（ストリッパーの姿）で現れ、顔は「福笑い」の「おかめ」、あるいは、中世芸能の狂言に出てくる、醜女「乙《おと》」の面にもよく似ていたでしょう。少なくとも、そのような解釈が古くからされてきました。アメノウズメは、異形で異質、神に寄り添う巫女的存在、神に笑いを捧げ、社会に平安をもたらす者、つまりは柳田国男の言う「烏滸の者」の原型であるともいえます。

天の神に捧げた笑いは、闇のように停滞するこの世に、光と再生、革命や変革をもたらしました。天の石屋戸に籠もったアマテラスを引き出したアメノウズメの笑いは、まさにこの革命の笑いでした。昼と夜、光と闇、生と死、死と再生、その二元対立の神話が示す笑い。この二元的対立から生まれる笑いはものごとをドラスティックに変革する力をもつのです。

生存のための「武器」として

ところで、隠れた太陽を引き出す天の石屋戸神話のモチーフは、日本だけでなく、広く世界に広がっていて、北太平洋に沿うアジア、アメリカ、南は東南アジアに及んでいることを文化人類学者の石田英一郎が説いています。

なかでも、「隠れた光」と「笑い」のモチーフが天の石屋戸神話に大変よく似ているとして、石田がとりあげているのが、アメリカのカリフォルニア西岸、シンキョーネやカトー地域の次のような説話です。

昔は火がなかった。人が火を持つようになったのは、ある子供の生まれたためである。この子供は四六時中泣いていて、どんなに手をつくしても泣きやまない。よく聞いていると、「火がこわい」と叫ぶ。彼は、他の人びとの目に見えぬ火を見て泣くのだった。それはクモがからだの中にかくしている火で、クモはそのためにからだがあんなにふくれているのである。コヨーテが人びとにその火をうる途《みち》を告げ、大ぜいの鳥や獣をあつめてクモのところに行く。クモは夜になると、火を体内からとりだし、日中には再びしまいこむのであった。彼らはできるだけ滑稽なまねをしてクモを笑わせようとする。もし彼が笑えば、火は口からとびだすからだ。しかしいろいろ試みてみるが、クモを笑わすことができない。最後にスカンクが尻尾をたてて踊りながらやってくると一同どっと笑い、クモも笑ったので、火は口からとびだす。(「隠された太陽」『桃太郎の母』)

尻尾を立てたスカンクの踊りは、アメノウズメの踊りのように、ある種エロティックな所作だったのでしょう。

神話や説話に残る「隠れた太陽」「隠れた光」と「笑い」の話は、太陽の力が弱くなっていく時期に行われる世界各地の「冬祭り」を連想させます。ヨーロッパにおけるクリスマスの源流(キリスト教以前の祭礼)ともいわれる「冬祭り」は、弱まった太陽の力を呼び戻す再生の儀式です。生命の力が衰えるとき、何かを供儀に捧げ、力を入れ替えるという考え方がその底流にはあります。イギリスの人類学者、ジェームズ・フレイザーは『金枝篇』という大著のなかでそれらの事例や解釈を述べていますが、かつては王の交代劇もがこの季節の祭礼に組み込まれ、人々は富の増殖を祈願したというのです。

また、この「冬祭り」に関しては、神話学者の松本信広も、笑いの神話は季節祭と関連があり、「冬の祭に笑わせることの必要なるは、これによって食物の豊富が獲得されるからである」と述べています。つまり、「吝嗇《りんしょく》なる神は、笑うとその保存しておるものを吐き出してしまう。『笑う門には福来たる』という単純な諺の源には、こういう遠いいにしえの時代からのごく深いいわれがあることを知らねばならぬ」と言うのです（『日本神話の研究』）。

こうしてみると、「笑い」は本質的に、天と地、昼と夜、光と闇、生と死、死と再生などの二元的な構造の「神話的世界」をその背景にもっているのだと思えてきます。

その一方で神話はまた、過去と未来をつなぎ、現在を再構築する役割をもっていますから、笑いのもつ「時間」と「空間」と「神」の関係を視点に置いて考えていくと、「神話としての笑い」をより深く理解することができるのかもしれません。

民俗学は時間と空間、あるいは、歴史と土地の関係性の学問ですが、同様に神話学は「神の民俗学」ともいえるでしょう。そう考えると、「神話としての笑い」は、「神の笑いの民俗学」だとも言い換えることができるかもしれません。

柳田国男は、「笑いの神事」などがいまも続いていることについて、こんなことを言っています。

多分は我々の話の種なるものが、気軽な冗談などよりは遥かに厳粛なる境地から発生したもので、笑い笑わるるということが、殺し殺されるというのと殆ど同じ程度に、我々の生活にとって重要であった時分から、ずっと継続して使用せられていた武器であったために、今なお民族生存の必要上、無意識にこれを守っているのであろう。(「吉右会記事」『笑の本願』)

ここで柳田のいう「厳粛なる境地」とは何か。それは神話の世界であり、聖なる世界のことです。それでは、「神の笑いの民俗学」や「笑いの文化」について、柳田とその周りの知の巨人たちの思索を借りながら、さらに深く広く見ていくことにしましょう。

第二章　「笑い神事」に秘められた謎

さまざまな「笑い神事」

冒頭の「まえがき」でも紹介したように、日本の古典的笑い芸、落語の世界には、神に笑いを捧げる「奉納落語」のしきたりがあって、いまも行われています。日本の笑いは、このあと紹介するように、ほかにもさまざまな神事とつながり、いまも残っているのです。

笑いの歴史を見ると、そもそも「笑」という漢字は、「巫女《ふじょ》」が両手をあげ、身をくねらせて舞い踊る形を示しているといいます。そして、「神に訴えようとするとき、笑いながらおどり、神を楽しませようとする様子を笑といい、『わらう、ほほえむ』の意味となる」（白川静『常用字解』）のだそうです。

笑いは、このように漢字の起源から見ても、神事とともに巫女と密接に関わっていることが分かります。『古事記』神話のアメノウズメが、天《あめ》の石屋戸《いわやと》に籠もったアマテラスを引き出したとき、多くの神々を笑わせたのは、まさに笑いながら踊り、神を楽しませようとした、この「巫女の笑い」でした。

神への捧げ物としてのこうした笑いは、当然ながら神聖な真面目さをもっています。それは高貴な笑いとも言えるものです。「ひひひ」でも、「ふふふ」でも、「へへへ」でも、「ほほほ」でもない。天に届くような「ハハハ」、あるいは「アッハッハ」という笑いです。

宗教哲学、神道の専門家、鎌田東二氏は、農業や漁業に従事する人々の習俗について、「その季節に取れた初めての収穫物を食べるとき、東のほうを向いてハハハと笑う習慣が各地にある」（『神道とは何か』）と指摘しています。

東（日向＝ひむかし）は日の昇る方向、太陽が現れる方角です。人々は収穫物を太陽神に捧げ、祝福と感謝を「ハハハ」という笑いで表現しようとするわけです。

何度も繰り返しますが、かつて人々は、神や異界に恐怖と不安を覚えるゆえに、供え物や笑いによって神を喜ばせ、この世に平安をもたらそうとしました。神に笑いを捧げ、そのお返しに、神からも笑い（恵み）を贈与されることを願ったのです。人々は神との笑いの交換によって、恐怖や不安を「安全と安心」に変えようとしたといってもいいでしょう。

笑いを増殖させ、神の笑いを引き出して「安寧」を得ようとする呪術的な笑い。そのような笑いの儀式は近代化後の日本にも各地に多く残され、柳田国男もそれらを調べ、書き残しています。

そうした笑いの儀式のなかでも、とくに典型的なのは各地の正月の「初笑い神事」でしょう。

たとえば、三重県伊勢志摩では、真夜中に恵比寿神の前で音頭取りに合わせて三回笑う

「鼻かけえびす初笑い神事」が行われ、いまでもイセエビ漁で知られる浜島町の新春行事となっています。

恵比寿神は七福神のひとつで、福の神として知られますが、漁業神でもあります。ここでは大漁と商売繁盛を願ってこの行事が行われるのですが、伊勢といえば、日本の最高神である太陽神、アマテラスを祭る伊勢神宮もここにあります。その伊勢神宮のすぐ近くでこのような笑い神事が営まれていることも、非常に興味深く思われます。アマテラスを再生させたアメノウズメは、その名のとおり海と深い関係があるようですが、アマテラスが海に近い伊勢神宮に祭られているのは、そのこととも関係があるのかもしれません。

「鼻かけえびす初笑い神事」は、かつて浜に漂着した恵比寿神を、漁師が拾ってお祭りしたのが始まりといわれています。海に漂って流れ着いた恵比寿神を発見したとき、漁師は最初、不安や恐怖を感じたかもしれません。しかし、恵比寿神が笑ったとき、ほっと安心したことでしょう。その安心の思いが、この神事には残されているのです。

この神事では、人々が鼻かけえびすを囲み、南側の海に向かって万歳しながら「ワーハッハッハ」と三回大きく笑うと福を招くといわれています。その年が豊漁になるか不漁になるかは、その笑いがうまくできるかどうかにかかってくるのだそうです。笑いはつまり「年占い」でもあったのです。そこから類推して、正月の「福笑い」も、おそらくは、うまく顔をつくれるかどうかという年占いから始まっているのではないかと思えます。

日本各地の「笑い神事」を見ていくと、行われているのは西日本に集中していることが分かります。それはなぜなのでしょうか。その理由を考える前に、まずは実例を見ていきましょう。

「陽」と「陰」の真剣な笑い

大阪府東大阪市の枚岡《ひらおか》神社は、奈良時代に春日大社への分霊（勧請）がなされ、神の分身を春日へ移して祭ったので、「元春日」という別称もある伝統のある神社です。奈良に都が定まる以前の古いヤマト王権時代には、その中心が奈良の三輪山から大阪にかけてあったとすると、その中心近くに位置する重要な神社だったのかもしれません。

その枚岡神社では、冬至の日に「注連縄掛神事《しめかけしんじ》」という笑い神事が行われます。これは、新しく作った注連縄《しめなわ》を、冬至の日に古い注連縄と掛け替えるのに合わせて行われるもので、新しく掛け替えられた注連縄の前で、宮司の「アッハッハッハッアー」という笑いに先導されて、一同が「アッハッハッアー」と三度笑います。

冬至は一年のうちで最も昼が短く、夜が長い日です。翌日からまた太陽の出る昼が長くなります。古代の人々は「笑い」によって太陽の復活を願い、それは「天の石屋戸開き」の古事記神話にも表れていると前述しましたが、この「注連縄掛神事」は古事記神話そのものにつながっています。枚岡神社に祀られるアメノコヤネ（天児屋命）は、アマテラスの隠れた天の石屋戸の前で鹿骨を焼く占いを行い、祝詞《のりと》を奏上し、天の石屋戸が開いたときに鏡をアマテラスに見せた神様です。「注連縄掛神事」は、じつは古代の太陽神に捧げる「笑い」を、注連縄を通じて伝える神事なのです。

一方、山口県防府市の小俣《おまた》八幡宮では、毎年旧暦十二月一日に、「笑い講」というものが行われてきました。

防府市のある防府平野は、山口県の中南部、瀬戸内海に面した県内最大の穀倉地帯ですが、この「笑い講」には稲作との深い関係が見られます。始まりは鎌倉時代の一一九九年とされ、農業の神である「大歳神《おおとしがみ》」を迎えて、その年の収穫を感謝し、来年の豊作を祈願するという神事です。

「笑い講」は、現在も毎年十二月の第一日曜日に日にちを設定して行われています。講というのは、村落共同体の古い組織の名残です。収穫への感謝と来年の豊作を祈願する神事として始まったものですが、古いしきたりはいまも変わらずに残っています。

この「笑い講」では、神官が「笑い神事」を宣言すると、神前に供えてある大榊二本を、対座する講のメンバー二人に渡します。二人は大声で「あっはっは」と三度笑います。その笑いの第一声は今年の豊作を喜び感謝するため、第二声は来年の豊作を祈願するため、第三声は今年の苦しみや悲しみを忘れるために発するものとされています。そしてこのとき、笑い声が小さかったり、不真面目であったりすると、講の長老は何度でもやり直しをさせるといいます。

神の前の儀礼の笑いは、このように真剣に営まれ、豊作や共同体の平安を祈願するのですが、祭りの日に大笑いすることで稲穂の生命力が増し、豊作になるという信仰自体は、地方の農村にはいまも色濃く残っています。

さて、ここまでで紹介した二つの例は、いずれも太陽神信仰とも関係する昼間、あるいは朝の神事でしたが、次に紹介する名古屋の熱田神宮の「酔笑人神事《えようどしんじ》」は、夜の神事で、笑い神事としては少し異質なものを含んでいるといわれています。

旧暦の五月四日に行われるこの「酔笑人神事」は、御神体の草薙神剣《くさなぎのみつるぎ》が熱田神宮に還った故事をいまに伝える神事です。

草薙神剣は、スサノオが八岐大蛇《やまたのおろち》を退治したときにその尾から出てきた剣で、スサノオはそれをアマテラスに献上していますが、このスサノオにつながる儀式だという点が他との違いを生んでいるのかもしれません。

神事（儀式）自体は、夜の暗闇の中を神主が草薙神剣を笑いながら移動させるというものですが、文化人類学者の山口昌男氏は、この儀式について、「笑いを通じて、得体の知れない恐怖とか、暗闇というものを征服しようとする人間の最初の行為みたいなものが儀礼として残された」（「笑いについて」『笑いと逸脱』）のだと指摘しています。

熱田神宮の説明によれば、その夜、境内の灯はすべて消され、影向間社《ようごうのましゃ》と神楽殿前、別宮前、清雪門《せいせつもん》前の四カ所で、神職たちが喜びを込めて笑うといいます。そのむかし、天智天皇の時代に神剣は一時皇居に留まっていましたが、天武天皇の朱鳥元年（六八六年）の勅命によって熱田神宮に戻ってきました。このとき、皆がこぞって喜んださまをいまに伝えるものだというのです。

神職たちの喜び笑う様子から「オホホ祭り」とも呼ばれるように、これは太陽神に捧げる笑いとは異なります。何かを秘めた夜の闇の笑いなのです。この神事では境内の灯りが消されるだけでなく、祝詞も神饌《しんせん》もありません。神職たちは、古くから「見てはならない」と語り伝える神面を装束の袖に隠し持ち、その神面を中啓という扇で軽く叩いたのち、全員が一斉に「オホホ」と笑うのです。

この「オホホ」の笑いは、太陽神に捧げる「ハハハ」が「陽」の笑いとするならば、夜の月神に捧げる「陰」の笑いだということができるのかもしれません。

「山の神」に捧げる笑い

「笑い神事」には、これまでにとりあげたような「太陽神」や「月神」にかかわるものばかりではなく、さらに様子の異なるものもあります。

たとえば、和歌山県日高川町の丹生《にう》神社で毎年十月（神無月）第二日曜日に行われる「笑い祭」は、印象的な「笑い翁」が登場することで有名ですが、この「笑い祭」が秘めているのは、どうやら「山の神」と人とのかかわりです。私が初めに神に笑いを捧げる者として紹介したのは、古代の山の民「国栖人《くずびと》」でしたが、「国栖人」の吉野は、丹生神社の和歌山と伊勢神社の伊勢とのちょうど中間あたりにあります。山の神の源泉をたどっていくと、「国栖人」のような古代の山の民につながってくるように思います。

丹生神社は、ニウツヒメ（丹生都姫命）を祭る神社ですが、じつは同じ祭神を祭る「丹生神社」は、呼び名こそ「たんじょう神社」、「たんせい神社」と変わりながらも、和歌山だけでなく奈良、京都、大阪、兵庫、三重、岡山、広島、山口、高知、徳島、香川、福岡、佐賀、熊本、大分、宮崎など西日本一帯に非常に多く存在します。これは、ニウツヒメが水銀の女神で、水銀鉱脈を探していた古代の人々は見つけた鉱脈にニウツヒメを祭り、「丹」にちなんだ地名を多く残したといわれているためです。

水銀を含む「丹砂」を加工し、金属水銀や丹薬を作る技術を伝えていたのは、とくに山に生きる修験道の人々だといわれていますから、各地の丹生神社は稲作民よりもむしろ、山の民、山の神、あるいは山岳信仰と深く関係しているようなのです。

さて、和歌山県日高川町の丹生神社の「笑い祭」の由来は、次のように説明されています。遠い神代の昔、毎年神無月に出雲の国で開かれる神様の会議にニウツヒメも初めて出席することになったが、出立の朝、寝坊をして遅れてしまい、ふさぎ込んでしまわれた。心配した村人たちは、思い思いに野山からの御幣帛《ごへいはく》（神への捧げ物）を福枡《ふくます》に盛り、神前にお供えして「笑え笑え」と言ってニウツヒメを慰め、勇気づけた。すっかり笑顔をとり戻されたニウツヒメは、出雲へ出立し、無事役目を果たして帰られた。このことからニウツヒメは、生活の中で「笑い」がいかに大切であるかをさとられ、村人と共に「笑い祭」をとり行われるようになった……。

祭りでは、カラフルな衣装に身を包んだ白塗りの「笑い翁」が登場し、鈴を振りながら神輿や屋台を誘導しますが、このピエロさながらの「笑い翁」が、滑稽な仕草を見せながら「笑え、笑え」と観衆をけしかけると、観衆も思わず噴き出して、あたりには笑いが満ちるといわれます。

このように、神に笑いを捧げる儀式にはさまざまなものがありますが、それらの「起原」については、いったいどのように考えればいいのでしょうか。また、それらの神事が西日本に多く残っているのはなぜなのでしょうか。

それは、これまで述べてきたように、西日本の古稲作民族の間に存在した太陽神崇拝の習俗が深く関係しているように思いますが、それ以前（稲作文化到来以前）の神が「山の神」として残り、同じ西日本の稲作民の神事に深く影響を与えているように思えるのです。「山の神」は、縄文（狩猟民）の神のような、「天と地を循環する神」の末裔なのかもしれませんが、その影響が笑い神事のなかにも見え隠れしています。

ところで、その「山の神」にかかわる「笑い祭り」といえば、まず第一に取り上げなければならないのが、じつは紀州奥熊野で行われている不思議な祭り、「オコゼ笑い祭り」です。現在の三重県尾鷲市矢浜の桂山にある「篝堂《かがりどう》」は、オオヤマツミ（大山祇命）を祭る社ですが、ここで古くから続いているのが「オコゼ笑い祭り」の一例で、毎年二月七日に、山仕事の安全と豊作を祈願する「山の神例祭」として行われます。

篝堂は、約二十年ごとに新築、遷宮されるといわれており、伊勢神宮正殿の二十年ごとの遷宮と同じことが行われているのが、まず不思議といえば不思議です。それだけでなく、祭神がオオヤマツミというのも、ひとつの謎といえるでしょう。

オオヤマツミは、国つ神として、『古事記』に名前がありますが、その事績の記述はなく、活躍の場面はありません。スサノオは出雲で八岐大蛇《やまたのおろち》を退治しますが、その前に娘たちを次々と八岐大蛇に食べられて、泣いている老人、それがオオヤマツミの子、アシナヅチ（足名椎命）でした。その場面で、「国つ神のオオヤマツミ」の名前が出てくるのです。つまり、オオヤマツミは、滅ぼされた国つ神、オオクニヌシ（大国主神）の祖先にあたるわけです。

『古事記』には事績も残されていない神を祭神とし、笑いが捧げられる「山の神例祭」。その祭りではまず、「お道具」と呼ばれる長さ五十センチ、直径二十センチの男性シンボルやカマ、クワ、スキ、ナタ、オノ、ヨキなど九種類の農具が、杉の木や青竹で作られます。そして篝堂の祠《ほこら》に、これらの「お道具」と大根なます、鰹《かつお》の塩漬け、くし柿、するめ、干し魚、カマボコ、甘酒など九品の料理九皿分が供えられます。準備が整ったところで扉が開かれ、当屋の二人が神殿に向かってそれぞれ懐から醜い顔の海魚オコゼをちらりとのぞかせ、背後に控える氏子十二人が一斉に「ワッハッハ」と大声で笑い飛ばすのです。

この「山の神例祭」に関する尾鷲市の説明によれば、オコゼを神に見せながら人々が笑い飛ばす風習は、山の神と海の神が手下の数を競ったことに由来するといいます。

ある日、山の神と海の神が矢浜村でばったり出会い、山の神はウサギ、キツネなどの動物、海の神はタイ、ヒラメなど魚を出して、手下の数を競った。その数が同じで、引き分けになりかけたころ、オコゼが海からノコノコとはい上がり、海の神に軍配が上がった。負けた山の神はそれ以来、オコゼを恨むようになった——そんな伝説からきているというのです。

山の神と海の神の伝説から、思い出すのが、巫女《みこ》の古代の力です。柳田国男の弟子の民俗学者、中山太郎の『日本巫女史』は大著ですが、その中に古代狩猟時代の巫女の任務について、興味深い記述があります。狩猟時代における巫女の任務は私たちが想像するよりはるかに重大なもので、「狩区の方面、および日時の選定は、巫女が山神と海神とを祭り、その神意を問うて決定した」というのです。この伝説の背景にも、第二章の「巫女たちの行方」で述べたような古代の巫女の姿が見え隠れします。

山の神は女性で、しかも春になると里に下りて田畑を守ってくれる「田の神」になると伝えられています。しかし海の神に手下の数で負けたときから、勝負を決めたオコゼを恨み、春になっても山から下りず、田畑を守ってくれない。そこで、氏子が醜いオコゼを見せ、「ほら、見てご覧なさい。こんなに醜いオコゼは魚の仲間には入りません。あなたは負けてはいないのですよ」と、オコゼを笑い飛ばすことで山の神の機嫌をとり、田畑を守ってもらおうとしたというわけです。つまり、この醜い憎たらしいオコゼを一緒に笑い飛ばすことで、嫉妬深い女性の山の神の柳眉《りゅうび》を和らげ、春になると里に下りて「田の神」になってくれるよう頼む儀式が、人々にとっての「山の神例祭」なのです。

二月七日に開催されるのがなぜなのかは定かではありませんが、おそらく、春になって「田の神」として来てもらうために、春の前、つまり立春の節分の時期に行う必要があったのでしょう。

柳田国男は、笑い神事のなかでも、とくに「オコゼ笑い祭り」に強い関心をもちました。柳田が書き残している「オコゼ笑い祭り」とこの「山の神例祭」とは、開催時期が違いますが、その他の点では非常によく似ています。いずれも山の女神を海魚オコゼが笑わせるという大変興味深い祭りですが、じつは柳田は、この篝堂の「山の神例祭」のことを知りませんでした。

山の神と海の神の争いや、オコゼのおかげで山の神が負けるという伝説も知らなかったので、なぜ海魚のオコゼが山の神を笑わせるのか、柳田はこの難問に最後まで頭を悩ませていたのです。

「オコゼ笑い祭り」の謎

「オコゼ笑い祭り」は山村社会に残る笑いの儀式です。海魚のオコゼを山の神に供える風習自体は全国各地に見られるといいますが、柳田国男が「笑い祭り」の例として書いているのは、「紀州熊野路の八木山峠の麓の八木山」という部落で霜月（旧暦十一月）の八日に行われていたという祭りです。

熊野古道には、東の伊勢神宮から南の熊野速玉大社までの「伊勢路」と、熊野速玉大社から熊野那智大社・熊野大宮大社を経て中央から西に伸びる「中辺路」、熊野那智大社から南の海岸沿いを行く「大辺路」、熊野本宮大社から北の高野山へ続く「小辺路」、さらに西側の海岸線の南北の道を結ぶ「紀伊路」の五つの道があります。紀州熊野路ということは、このうちの、中辺路、大辺路および小辺路ということになります。

ところが、その道沿いを地図上で調べてみても、「八木山」の地名はどこにもありません。いろいろと調べてみましたが、どうしても位置が分からず、あらためて柳田国男の「山神とオコゼ」を読み返してみました。

すると、八木山という部落について、柳田は「今の何郡何村に属するか地図にも大字一覧にも見えておらぬ」というのです。つまり、柳田も八木山がどこにあるのか分からぬまま、この論考を書いていたというわけです。

柳田は、江戸時代の国学者、平田篤胤《あつたね》の門下で宮負定雄《みやおいやすお》という人が書いた『奇談雑史』という本のなかで、この八木山の笑い祭りを知ります。『奇談雑史』は、数百篇の珍しい物語が十巻に収められた幕末期の説話集です。そのなかで柳田の心を最も動かしたのが、「紀州八木山の里山神祭の事」という山の神とオコゼの話だったのです。

ところで、話は前後しますが、熊野古道は二〇〇四年にユネスコの世界遺産に登録されました。それに先立ち、世界遺産登録を推進するための協議会が発足して、二〇〇二年一月に「世界遺産協議会ニュース」の第一号が発行されました。その記事のなかに、新たに見つかった「諸国旅人帳」という古文書のことが書かれており、そこには八木山の地名がありました。

記事によれば、江戸時代の紀州奥熊野矢浜村では、諸国からの巡礼や旅人が病気などで国許へ帰らなければならなくなったときに、尾鷲大庄屋に帰国を願い出て許可を受け、「送り状」を発行していました。天保七年（一八三六年）から嘉永二年（一八四九年）までのその記録が、「送り状」の内容や旅人が所持していた「往来手形」を写し取った二七一枚の分厚い帳面の形で、見つかったというのです。

帳面には、大社と霊場を巡拝に来て、「紀州熊野八木山麓」から先に進めず（八木山を越えられず）、送り状を発行してもらって国許に戻る人たちの記録が並んでいます。そうなった人々は、庄屋を中心とした村役人の世話で、遠い自分の村まで人に付き添われて送り届けられることになります。「送り状」には、「どうぞ道詰の宿場の方々、一宿一飯御力添えをもって、間違いなく国許まで送り届けてくださるようよろしくお願いします」と庄屋からお願いする文面が書かれています。

こんなふうに、旅人が病気などで困ったときに助けるシステムが、富裕な庄屋を中心に存在したというわけですが、それはともかく、これらの記録からは、当時「八木山」の名で呼ばれた場所が確かにあり、しかもかなりの難所であったことが分かります。

だとすると、「八木山」は、尾鷲大庄屋があり、紀伊山地への入り口でもある尾鷲から見ての難所ということになり、そこからの道では往時「西国第一の難所」といわれた「八鬼山越え」の八鬼山のあたりこそ、そうではないかと推測できます。

それを裏書きするかのように、現在の八鬼山の近くには、「八木山林道」という名前の林道が残っています。また八鬼山の東には、戦国時代に活躍した「九鬼水軍」発祥の地、尾鷲市九鬼町がありますが、ここには「九木神社」「九木峠」「九木岬」などの地名が残っています。おそらく当時の人々は、地名であっても「鬼」という言葉を忌み嫌い、「木」という字を当てて、一部はそれが本来の字に成り代わって残ったのでしょう。「するめ」を「あたりめ」などと言い換えるのと同じ発想ですが、いずれにしてもこれらの事実からは、「八木山」がじつは「八鬼山」であることは間違いないように思われます。

さて、柳田国男が書いた「オコゼ笑い祭り」の舞台は、山の神が住み、修験道の盛んな奥熊野の八鬼山と尾鷲であるとして、柳田自身はさらに広い視野から、この儀式の主役、オコゼの謎に迫ろうとします。

オコゼはオニオコゼ科の魚。和名はオニオコゼ（鬼虎魚）といいますが、英語名はdevil stinger（悪魔のとげ）という厳《いか》めしい名前です。とげとげの醜魚で、頭はでこぼこし、スマートな魚ではありません。尖った背びれには毒針をもっています。

前述のように、山奥の村では、山の神はオコゼという海魚を喜び、これを見ると山の神は笑うと信じられていましたので、古くから神前に供えられてきました。いわば、オコゼが神に笑いを捧げる「烏滸《おこ》の者」の役割をもっていたわけです。

山の神がなぜ海の魚を好み、このような醜魚が神を笑わす媒介者に選ばれたのか。この問いは柳田国男がついに回答を得られなかった難問でした。しかし、その謎解きは後回しにして、まずは柳田の書き残した「オコゼ笑い祭り」の様子を見てみましょう。

オコゼ笑い祭りの祭礼では、氏子のなかに首席の当番がいて、真ん中に座り、女や子どもは庭の外で祭りを見物します。柳田は次のように述べています。


当日は首席の者懐中《かいちゅう》にこの魚を忍ばせて出ると、一同がこれに向かってオコゼを拝見したいという。いや皆の衆が御笑いなさるから見せますまい。必ず笑いませぬ故に御見せなされと、押問答の末にそっと片方の袖口から、頭ばかりを覗かせて見せると、早一同が高笑いをする。あわてて引込めてそれだから見せまいと申したにというと、いや今度こそは笑いませぬ、ひらに御出しあれと懇望し、またちょいと出すとまた笑う。こんなことを繰返した末に、とうとうその魚を丸ごと出して、転げるように笑ってそれで祭りがめでたく済むのである。このとおりに人間に格別おかしくもなさそうな事でも、神が笑いたもうと知ればこれをもって笑祭としたのであった。（「笑の文学の起原」）

笑ってはいけないという制御、不自由さ、少しずつの繰り返し。不自由さに風穴を開けようとする力とその制御力の葛藤。それが笑いをつくるということでしょうが、その主役はオコゼなのです。

柳田を悩ませた「オコゼの秘密」

ところで、「オコゼ笑い祭り」だけでなく、山人《やまびと》は山に入るとき、オコゼの乾物を懐中に入れ、獲物が取れることを山の神に祈願しました。鷹匠も同様にオコゼの乾物を懐中に入れていたといいます。粘菌の専門家で世界的な博物学者、南方熊楠は次のように紹介しています。

猟師これを紙に包みて懐中し、速やかにわれに一獣を与えよ、必ずオコゼを見せ進らせんと祈誓し、さて志す獣を獲る時、わずかに魚の尾、また首など、一部分を露わし示す。かくのごときすれば、山神必ずその全体を見んと、熱望のあまり、幾度誓い、幾度欺かるるも、狩の利を与うること絶えず、と。(「山神オコゼ魚を好むということ」)

オコゼを見たい、いやいやそう簡単には見せますまい、その繰り返しと葛藤。笑祭での神とのやり取りと、猟師と山神のやりとりは大変よく似ています。

オコゼの秘密はどこにあるのか、柳田も大いに悩んだようです。そして、柳田が何か分からないことがあったときによく聞きに行ったという白井教授(白井光太郎=東京帝国大学農学部教授、植物病理学の開拓者)の手紙を紹介しています(「山神とヲコゼ」)。

その手紙で白井教授は、オコゼの各地のさまざまな呼び名(ハナヲコゼ、ヤマノカミ、ギギ、大灘《だいなん》ヲコゼ、ガシラ、ヨロヒウヲ、アカヲコゼ、ホゴ、ガガニ、ハチフリ、ミコイヲ、ヒヲコゼ、キミヲコゼ、ヨロヒ、女郎ヲコジ、マギラス、シマヲコゼ、ミノカサゴ、クソッポウ、ナヌカバシリ、ウミテフテフ、トビウヲ、トビギス)を書き連ね、その姿について「形状ガシラ及びメバルに似て、淡紅色にして、黒条背より腹上に至る、其の条巨細相並ぶ、腹は淡紅色紅細斑鱗形を為す、頭は全くガシラの如し、眼上短刺あり……」といった説明を加えています。

また、「紀州湯浅浦の漁人云ふ、漁人ヤマノカミを取るとき、之を悪《にく》みて切りて海中に捨つ、其の人をさすことを怖れてなり」と述べ、「愚考に、猟師どもの此の物を珍襲到し候は、第一称呼の山の神と云うこと、第二鋭刺ありてよく物をさすることに関連して、猟師が獣を射殺し又は突殺すにも利益を及ぼすべしとの信仰に出でたるかと存じ候、之を山の神と呼ぶ所以に至りては未だ考えず候」とも書いています。

オコゼの特徴は、醜さとともに、色が紅であること、とげがあり刺すことに集約できますが、白井教授は、とげでものを刺すことが、猟師の獲物を得ることの信仰につながっているのではないかと言うのです。

古代人の思考はアナロジー（類比）、つまり、似たようなもの、似たような関係のものには同様の力が働くとみなす傾向がありました。白井教授の指摘はそのことを言っています。白井教授の回答に対し、柳田は直接何も反応せずに、オコゼに種々の異名がついたわけを調べたいと言います。おそらく満足のいく答えではなかったのでしょう。柳田は名前や言葉のなかに残る古代人の思考の痕跡を、論理的に読み取ろうとするのです。

そして、オコゼが筑前（福岡県）で「ミコイヲ」と呼ばれることに注目し、これを「巫魚」であり、「十分な証拠はないが、ヲコゼは巫女のもったtotem（トーテム＝霊代《たましろ》）の一種かと思っている」と述べるに至ります。

たしかに、巫女が深山で神を祭った痕跡は各地にあり、オコゼと古代のトーテムの関連を考察していくのは興味深い視点です。先に述べたように、原始の烏滸の者は巫女だったと考えられますから、重要な指摘です。しかし、柳田が言うようにオコゼが巫女のもつトーテムだとしても、なぜオコゼが巫女のトーテムとなったのかという根本の疑問は解決されません。また、トーテムとは本来、自然の事物の名を部族の名前としたもので、自然界の事物に逆に命名することはありませんから、柳田が巫女のトーテムをミコイヲだとするのは考え方が転倒していて、不自然なことになります。

一方で、そのようにオコゼの異名にこだわった柳田ですが、なぜか「オコゼ」そのものの名については何も述べていません。

「おこ」という言葉は、古代では『古事記（応神記）』の歌に「をこに」（形容動詞「をこなり」の連用形）として初めて出てくるとされていますが、じつはその由来や起源がよく分からないのです。

現代でも、「おこ」の派生語としては、「烏滸《おこ》がましい」（ばかげていて、みっともない。さしでがましい）、「おこづく」（愚かに見える、勢いづく）などの言葉が残っています。

「おこ」は、前述したように、愚かなこと、馬鹿馬鹿しいという意味であり、おそらく

「ゼ」は御前、つまり、オコゼとはおそらく「おろかな、ばかばかしい姿をした女性」という名になるのでしょう。まさに、烏滸の者としての巫女を示す名前でもあります。柳田にとっては、「オコゼ」という名前自体は自明なことだったために、何も書かなかったのかもしれません。

江戸時代には、この魚を「山神オコゼ」と言って、霜月（旧暦十一月）八日の山神祭の前日に人々は買いました。木具屋（桐、檜、杉などで箱、長持、机、いすなどを作る職人）や、金物屋、鍛冶屋（金属をきたえて器具を作る者、鋳物師、タタラ師）たちが、この魚を買い、山の神に供えた風習があったからです。

木具屋や金物屋、鍛冶屋が、オコゼを山の神に供えたのはなぜなのか。彼らはいずれも自然とつながり、自然からその力を取り出す者であり、異界（つまりあの世）と人間界をつなぐ超常的な力をもつといわれた人たちです。

とくに鍛冶屋は、雷神が生む「火」、天と地の子どもである「火」を扱う仕事をします。火はあの世とこの世の挾間に生まれ、古代から人々の畏怖、恐怖の対象でした。火を扱う者はあの世とこの世の挾間の住人とされ、異界（あの世）を見ることができるといわれました。鍛冶屋は、山と海をつなぐ媒介者でもあります。海で使う釣り針は、鍛冶屋が作る以前には山の動物の骨から作りましたが、海彦と山彦の神話にもあるように、もともと海と山をつなぐ道具なのです。

オコゼの紅色はまさに火。オコゼの背びれの短刺のようなとげは炎であり、鍛冶屋の作る剣にも繋がる象徴です。オコゼの紅色、この炎は太陽神、太陽崇拝にも関係しています。

ここには、イギリスの社会人類学者、ジェームズ・フレイザーが『金枝篇』で述べた、類似が類似を生むという「類感呪術」のような神話的思考が残っていると思われます。

オコゼを供える霜月祭は、山神祭である一方、村の収穫祭でもあり、冬を迎える前の、その年最後の神祭りでもあります。冬を迎え、太陽神の力が弱まる前に、太陽神にオコゼの炎を捧げるのです。

農家の収穫祭に山神オコゼを供えることは、オコゼが夏（秋）と冬を結ぶ存在であり、村里と山、ひいてはこの世とあの世とを結ぶ存在とも考えられていたことを示しています。これらのことを考えると、オコゼという魚をめぐる古代の人々の野生の思考、神話的論理といったものが見えてきます。

少し難しい言い方になるかもしれませんが、オコゼは神話的アナロジー（類比）によって、異界（あの世）と人間界（この世）を結ぶ媒介者となったのです。

オコゼは神と人との媒介者として選ばれました。神話的世界の媒介者は二元的世界の中で「神聖さと穢《けが》れ」「恵みと災い」「美と醜」などの二面性（両義性）をもつ存在です。媒介者としてのオコゼも、この二面性を持った、象徴的な「道化」と考えられたのかもしれません。

このことも関係して、ではなぜ山の神がオコゼを笑ったのか、ここでもう一度考えてみたいと思います。

前述のように、山の神は女性ですから、自分より美しい姿のものには嫉妬し、醜い姿の魚を見ると喜んで、可笑しがったといわれます。この山の神を喜ばせる「醜さ」にこそ、「常ならぬ者」のもつ「道化の力」があったからです。

そしてそのオコゼの力は、海の魚が山へ来て神を笑わせるという構図とも相まって、古事記神話のアメノウズメを思い出させます。天の石屋戸に籠もったアマテラスを笑いの力で引っ張り出したアメノウズメは、「ウズメ」（潮の渦の女）という名が示すように海社会からやって来た神です。これらのアナロジーから、オコゼはアメノウズメのミニチュア版だと言うこともできますが、いずれにしてもそこで発揮されるのは「烏滸の者」がもつ「道化の力」と呼ぶべきものでした。これまで、「烏滸の者」の特質として、第一に音を聞く存在、第二に非攻撃的、非好戦的、非暴力的、無防備という点をあげましたが、この「道化の力」こそ「烏滸の者」のもつ第三の特質ともいえるでしょう。

では、その「道化の力」とは、いや、そもそも「道化」とは、いったいどんな存在だったのでしょうか。

「道化」はなぜ必要だったのか?

はるかな昔、ヨーロッパでは、道化が「影の王」としての意味をもっていました。天変地異や王の失策が国に被害をもたらすとき、人々は王を殺害して新王を迎え、国を改めようとしましたが、そのとき、実際の王ではなく、「影の王」すなわち身代わりの道化が殺されることがあったといいます。言い換えれば、王は自らの特権を保持するために、王の影の部分を引き受けるスケープゴート（いけにえ）としての道化を必要としたのです。

前述したフレイザーの『金枝篇』も、共同体全体のために力の衰えた王を殺す習慣の痕跡は世界中にあることを指摘しています。

その痕跡は、たとえば祭礼の儀式や演劇などに見られるのですが、そこでは現実の支配者を「偽《にせ》の王」に置き換え、芝居のうえで死を現実化する、といったことが行われます。西欧社会で中世まで盛んに行われた「愚者祭」なども一例で、愚者が君主になり、つまりは人々の不幸や災いをすべて担う役割を演じるのです。愚者は、共同体にとっての災厄を一身に背負って持ち去る一種の「魔除け」のような存在でもあったわけです。

これについて、柳田国男は、日本でも同様なことがあったと考え、興味深い指摘をしています。

それは、妖怪の「一つ目小僧」が、昔の「一方の目を潰された神」であり、逃げてもすぐ捕まるように、犠牲となる候補者の片目を潰し、足を一本折っておいて、神に供儀するまでその奴隷を非常に大切に優遇し、かつ尊敬した名残ではないかというのです。日本古代の先住民社会でも、神の祭りの日に王の代わりに「偽の王」として殺される「愚者」のような存在があったのかもしれません。

一方、現代フランスを代表する思想家、ジョルジュ・バタイユは、古代メキシコ・アステカのナナワツィンの神話の供儀を紹介していますが、そこにも、このような「偽の王」と共通性があることが書かれています。

それによると、神を体現する犠牲者は、「儀礼の一年前に、戦の俘虜《ふりょ》のうちから選び出される。俘虜は、選ばれてからは、王侯のように暮らしていた。手に花をもち、供を従えて町中を練り歩いた。人に出会うたびに恭しく挨拶した。その若者がテスカポリトカ（もっとも偉大な神の一柱）の役を演じていることはだれもが知っており、どこで出会っても、みな彼の前にひれ伏し、拝んだ」（『呪われた部分　有用性の限界』）というのです。

これらの学者たちが指摘するように、このような神への供儀、「偽の王」を神に供える儀式は、古代において世界で普遍的に行われたものだったのかもしれません。

では、「偽の王」や「影の王」であれ、「愚者」や「奴隷」であれ、そのようにして神に供えられるのは、いったいどんな人々だったのでしょうか。

折口信夫によれば、神に捧げられる者は、天の神の指定した者、すなわち先天的に身体に特徴のある者や条件つきの病気にかかった者などであり、人々からは「穢《けが》れ」をもつ存在として懼《おそ》れられ、忌《い》まれ、疎《うと》まれ、蔑《さげす》まれ、嗤《わら》われる存在でした。しかし一方では、彼らの「穢れ」とは神のものとして指定されたものでもあると考えられて、ある神聖さが付与されており、前にも触れた「両義性」を有するゆえに、そうした人々が神に捧げられたというのです。

そして、それはまた、かつて世界各地で「道化としての愚者」とされたのが隻脚《せっきゃく》、隻腕《せきわん》のように不自由な身体だったり、小人やせむし（脊椎後彎）など、見かけが尋常でない人々であったという事実にもつながってきます。スペイン中世の画家ベラスケスが描く宮廷の王の肖像画などには、王の周囲に小人などの道化の姿が伴いますが、これなども、こうした人々のもつ両義性ゆえに、彼らが王から必要とされたことを物語っています。

さて、話はオコゼに備わった「道化の力」のことでした。

以上のことを考えれば、山の神を喜ばせるオコゼの「道化の力」は、その醜さだけにあるのではなく、「常ならぬ者」としての「道化」がもつさまざまな属性が相まって形成されていることが想像できます。逆に言えば、オコゼを神に捧げる人々がそのオコゼに託したものが、意外な広さや深さを伴ってさまざまに想像できるのです。

オコゼを山の神に捧げるのは、単純にグロテスクな姿が可笑《おか》しいからではなく、人間界の愚者や道化と同様に、世の穢れを一身に背負ってもらい、悪魔の目を遠ざける一種の魔除けとなってもらい、笑われるスケープゴートとなって山の神の恵みを引き出してもらおうという、人々の願いが込められてのことだったのではないでしょうか。

山の神を信仰する社会で、神の力の衰える冬を迎えるときに、人々は海の使者オコゼを道化として捧げ、山の女神を喜ばせることで、その力の回復を願おうとしました。神の力の衰えを「笑い」によって回復する。そのためには甘んじて神の笑いを受けるものが必要でした。神からの笑いを受けることは、命にもかかわるような重大事だったからです。

柳田国男は、「一人の笑われることを忍び得る者が、その恥辱を犠牲として公衆の幸福を計ったということは、決して中世に始まったものではない」（「笑いの文学の起原」）と言っています。

この「犠牲」ということが、古代の笑いを、いや「笑いの歴史」を考えるとき、大きなキーワードになることは、これまでの話でお分かりいただけたのではないでしょうか。

ここまで繰り返し述べてきたように、古代の人々は、世界の危機に際して、神に笑いを捧げ、神に笑ってもらうことで、安全で安心な世界、平和と調和、共存の世界を作り出そうとしました。笑いはときに「犠牲」を伴い、そのお返しとしての天からの笑い、天からの贈与を祈願していたのです。

古来、人々の心の世界では、あの世から「やってくるもの」とこの世から「捧げゆくもの」との相互交換の関係が、世の中の仕組みとして存在していました。しかし、そのような「あの世」と「この世」のコミュニケーションを断ち切ることが近代の科学化であり、また、相互扶助の原理を競争的原理へ、個人主義と自己責任の原理へと切り替えることが現代のグローバル化でしたから、古来の笑いは当然ながら失われていきました。

地縁血縁的な村落共同体では、「公」の笑いは次第に失われ、近代的な価値の一元化、効率化が進んでいきます。そして、都市化で生まれた利益社会的共同体、つまり企業や学校などの利益集団では、笑いそのものが時間の無駄になるとして排除されていきます。笑いの残る拠り所は、家庭だけですが、家庭からも笑いが消え、さらに個人的な孤立した笑いへと笑いの世界が収縮していきます。「共同体の笑い」が変容し、いわば「笑いの都市化」が進んでいくのです。

近代化、都市化によって、笑いそのものだけでなく、人を笑わせる人々も、その役割も変わっていきます。道化や愚者、常ならぬ人、犠牲を引き受ける人、柳田国男の言う「烏滸《おこ》の者」も変わっていきました。

烏滸の魚「オコゼ」が支える「笑い祭り」は、山奥の村里にかろうじて残っているのに、人の世ではほとんど姿が見えなくなった「烏滸の者」――。

それはいったいなぜなのか、彼らは何に姿を変えて、どこへ消えていったのかを、さらに歴史を追いながら、視界を広げつつ探っていきたいと思います。

第四章　共同体の変容と「笑い」の変化

村八分を解く笑い

古代の音霊《おとだま》時代にあった笑いの「呪術的な力」は、前章で述べたように「笑い祭り」や「笑い神事」にその名残を見ることができます。人々の間に笑いの輪を広げ、神の笑いを引き出して安寧を得ようとする呪術的な笑い。これは神と人との「聖なる関係」における笑いですが、人と人との「俗なる関係」においても、共同体社会にはそのような「笑いの力」が残されました。

共同体社会は、第二章でも述べたように「土地の神」を戴《いただ》くことで成り立ってきました。そして同時に、「ハレ」（祝祭）と「ケ」（日常）の区別を明確にして人々の生活が営まれました。

「ハレ」と「ケ」の区別は、言葉を変えれば「聖」と「俗」の区別ともいえます。このうちとくに、「ハレ」（聖）の時間は、人々にとって、まれにしか出現しない大変貴重なものでした。まれに起こるからこそ、共同体全体に、日常ではない興奮を沸き起こすのです。

ところで皆さんは、村落共同体で掟や秩序を破った者が受ける「村八分《むらはちぶ》」という制裁があったことはご存じでしょうか。

村落共同体には、十項目の生活共同行為がありました。葬式の世話、火事の消火、成人式、結婚式、出産、病気の世話、新改築の手伝い、水害の世話、年忌法要、旅行です。そのうちの、葬式の世話、火事の消火という二項目以外の協力を断《た》ってしまうのが、「村八分」による制裁です。この二項目は、いくら仲間はずれにした相手でも、放っておくと伝染病のもとになったり、火事が延焼してほかの人々にも迷惑かかるので、制裁から除外されたといわれています。

歴史家の樋口清之氏が、『人づきあいの日本史』という本の中で、西日本に、この村八分を解く「笑い講」があったことを指摘しています。

村落共同体の長、あるいは村行事の世話役が、村八分となった者を連れて、拍子木《ひょうしぎ》を打ちながら村中を回ります。たとえば、次のように言って、村人に笑ってもらうのです。

「東西東西、何の何がしは去るほど、村の共同の池の魚を捕りまして不届きしごくでございます。本人は深くお詫び申し上げておりますから、皆さま方、何とぞお笑いくだされたく候《そうろう》」

そう言って拍子木を打つと、村人たちが集まり、アハハハハと笑ってやる。それで村八分が解除されるというわけです。

しかし、笑われることでなぜ村八分が解かれるのでしょうか。

日本には笑いが罪を清める信仰があったと一般的には説明されるようですが、それがなぜそうなのか、明らかではありません。

樋口清之氏は、「笑い講とは、悪いことをした人間はそもそも本人が悪いのではなく、悪霊がついてしまった、あるいは魂が衰えてしまったので、魂振りをして、本人が本来持っている良い魂を振り動かしてやればいい、という考え方」なのだと言っています。

村八分は、村落共同体の危機に対応する技術、つまり村落共同体で決まりや秩序を破った者に対する「法的制裁」です。共同体内の刑罰の方式です。その法的制裁、刑罰は、共同体社会の人々の怒りに準拠しています。したがって村八分とは、決まりや秩序を破った者に対する人々の怒りを制御し、鎮める社会的制度だといってもいいでしょう。笑い講ではその制裁が解かれるわけですから、笑いによって罪が許されることになりますが、それは厳密に言えば、笑い講が人々の怒りを笑いに転換させ、その笑いが「法的制裁」の（最後の）役割をもつことによって「恩赦」が与えられることを意味します。

怒りは笑いの対極にあるものです。笑いが神に捧げられ、平安をもたらすものであるならば、怒りがあるとき、神と人との笑いの通路は破壊されているということができます。

一方、古代の日本では、犯罪や刑罰は人間に対する罪ではなく、土地の神に対する罪とされていました。そのような社会では、神ではない人間が罪を許したり、軽減したりすることはできません。それは神だけのもつ特権だったからです。

ですから、村八分を解く「笑い講」も、本来は、村人が罪を許すのではなく、笑いを捧げられた土地の神が罪を許すことを意味しました。つまり、神から罪を許す「恩赦」の特権を人々は笑いを介することで、神から委託されていたのです。

ここで言葉を変えて、もう一度整理してみましょう。

村落共同体は、土地の神との約束ごとから成り立っていました。その約束によって、村落共同体の十項目の生活共同行為が保証されました。土地の神との約束を破れば、神の怒りが生まれます。だからこそ、土地の神との約束を破り、罪を犯した者は村八分となり、土地の神との関係を修復する必要がありました。

村八分の怒りは人々の怒りであると同時に土地の神の怒りでもありました。そこで、土地の神の怒りを解き、土地の神との関係修復の仲介をしたのが、「笑い」だったのです。

そして、その「仲介の笑い」は、かつては道化や愚者、常ならぬ人、犠牲を引き受ける人という側面をもった「烏滸《おこ》の者」がその役割を果たしていたわけですが、村落共同体社会が深化するにつれ、次第にその役割を「村八分の者」や「ケガレの者」が果たすようになってきたということができるでしょう。同時に、村落共同体の長や世話役といった人々が、笑い講の中心的存在として、共同体の笑いの管理者ともなっていくのです。

葬式の笑いと涙

村落共同体の「ハレ」（祝祭）と「ケ」（日常）に関して、先に、村落共同体には十項目の生活共同行為があったと書きました。

ところで、その十項目の共同行為には、「ハレ」と、「ケ」が枯れた状態を意味する「ケガレ」が混在しています。

成人式、結婚式、出産、新改築、旅行は、共同体の「ハレ」の行為です。その他の葬式、火事、病気、水害、年忌法要は共同体の「ケガレ」のように思えますが、葬式を単純に「ケガレ」とするかどうかについては論争があります。

一般通念上では、葬式はたしかに「ケガレ」のように思えます。しかし、葬式に赤飯を炊いたり、晴れ着を着て喪に服するという地域の事例もあり、「ハレ」だという説もあるのです。

私的な事例で恐縮ですが、私は大学時代に父を亡くしました。柳田国男は東京帝国大学入学の前年、二十一歳のときに母と父を亡くしていますが、私も近い年代で父を亡くしたことになります。

通夜は一人の死を前にする親類縁者の宴会の役割をもつということを、当時の私はまだ知りませんでした。しかも若くて繊細でしたから、通夜に盛り上がる親戚の笑いが青年期の感受性には堪えがたく思われたものでした。

この悲しい夜に、なぜ皆が笑っているのか。この難問を解決するのには時間が必要でした。あれから三十年あまり、今は父の通夜が素晴らしい祝福であり、あの世に送りゆく共同体的な笑いに満ち溢れていたことが理解できます。

葬式もかつては祝祭であり、おそらく共同体や共同社会の祝福の場であったのだと私は思います。そこには「あの世」と「この世」を結ぶ笑いが残っていました。このことは日本だけでなく、西洋でも同様であったようです。

西洋史の大家、阿部謹也氏は、西洋中世の通夜について、次のように言っています。

埋葬までの間近隣の者や友人が集まって通夜をしたがそれは初期中世においては大変楽しく大騒ぎをする行事であった。飲みかつ食べて楽師や道化も登場して騒ぎ、女たちは踊った。（「中世における死」『中世の星の下で』）

そして、本来、通夜の宴会は死者の霊を慰める「死者への見せ物」として行われたというのです。

一方で、葬式には「涙」がつきものです。

家族や友人を失った悲しみの涙はもちろんのこととして、葬式には、儀礼としての涙が伴うこともあります。中国や朝鮮ではいまも葬儀のときに雇われて泣くことを生業とする人たちがいるといわれます。たとえば二〇一一年の末に、朝鮮民主主義人民共和国（北朝鮮）の金正日総書記が死去したとき、多くの「泣き女」が現れたことは記憶に新しいところです。これはおそらく、北朝鮮政府が上手によく泣く「泣き女」を頼んでいたのでしょう。柳田国男は『涕泣史談』の中で「泣き女」の風習を見聞していないといっていますが、このような「泣き女」の存在はかつての日本にもあったようです。『広辞苑』にも、能登の七尾市などではその代金によって「一升泣き」「二升泣き」などといったという例があげられています。

こうした例から考えれば、涙もまた、「あの世」と「この世」を結ぶものであり、かつては笑いと同様に、土地の神に捧げるものだったといえるのかもしれません。

その「捧げ物」としての涙と笑い、儀礼としての涙と笑いは、いわば演劇の悲劇と喜劇に包摂されていったものだと思いますが、この悲劇と喜劇は、そもそもが一対のものでした。

紀元前五世紀の古代ギリシャのアテネで花開いた喜劇について、アメリカの社会学者、ピーター・バーガーは次のように言います。

喜劇は、ひとつの劇形式として独立する以前、悲劇の一部をなすものであった。喜劇は悲劇の上演日程のうちにそれ固有の場を有していた、と言ってもよい。その場とはいわゆるサティロス劇であり、それはディオニュソス風に、そして悲劇の上演後、一種の後奏曲として演じられるものであった。まったく、文字どおりの意味で、それはひとを喜劇的に救済したのである。何からの救済か。そう、まさに悲劇がもたらす極度の深刻さからの救済である。涙のあとには笑いがやってきた。(『癒しとしての笑い』)

ギリシャの「悲劇・喜劇」と同じような関係をもつのが、日本の能と狂言です。日本の能と狂言は、あの世とこの世を取り結ぶ存在を取り込んだ非日常的な「ハレ」(祝祭)の演劇です。あの世とこの世の双方向性を一体化した、悲劇と喜劇の両面的な演劇であり、悲劇の能があの世から霊を呼び起こし、喜劇の狂言が、この世で漂う成仏しない霊を笑いで目覚めさせ、癒やしていく浄化の場、「ハレ」の場を創り出すのです。

笑いと涙は、生そのものが何かを抑えているとき、ある瞬間にその内なるものが現出する現象です。内なる自然の奥に隠されているものを、ともにあらわに開示する笑いと涙——。喜劇と悲劇の源泉はその意味でも同一のものだといえるでしょう。それが「ハレ」の源泉なのです。

さて、ここで、「ハレ」と「ケ」と「笑い」について、もうひとつ大事なことを述べておきましょう。

前述したように、笑いは本質的に祝祭のものであり、共同体の非日常的な「ハレ」(晴れ)の場に起こるものでした。

そして、非日常的な祝祭は、常に共同体のため、公共のためのものでした。災害や疫病を祓い、枯れた「ケ」(日常)、つまり「ケガレ」を祓う神祭りの祝詞《のりと》や神語《かみごと》なども、すべて公共のための言葉だったのです。

柳田国男は、琉球の信仰に関する最初の系統的な記録である『琉球国諸事由来記』について、次のように言っています。


見遁がすべからざる一つの特色は、その祭の願がことごとく公共のものであって、一語として個人の私事には触れていなかった点である。いわゆる天下太平、五穀成就、村内安全までの祈願であって、私人家庭の福徳円満には及ばなかったという点である。すなわち世のために神を祭り、世が好ければ民も「世の主」も共に栄えたので、別の語をもって言うならば、いわゆる祭政一致をもって島特殊の経済組織を支持していたのであった。(「南島研究の現状」『青年と学問』)

祭りの願いが、個人や個々の家庭のものではなく公共のものであったということの指摘は、琉球に限ったことではありません。日本全国の祭りに共通することでしょう。同じように、共同体の「ハレ」の笑いもまた、個人的な慰みではなく、公共のためのものでした。

笑いとは、「ハレ」の場で起こる真面目で厳粛な、聖なる世界の現象であり、公共のために神や異界と人間界とをつなぎ、あの世とこの世をつなぐ媒介だったのです。そして、笑いを媒介する「烏滸の者」もまた、公共のための存在でした。それは「烏滸の者」の第三の特質としてあげた「道化の力」「犠牲」ということと深くつながっています。

民話のなかに残された笑い

「共同体」の営みに起源をもつ笑いが、その後も多くの人を笑わせながら伝えられてきた例として、昔話や民衆話(民話)のなかの「笑い話」があります。

近代以前の共同体が生んだ昔話や民話のなかに、なぜ「笑い話」は残ったのでしょう。また、その「笑い」は、何を根源としているのでしょう。

前述のように、共同体では、「ハレ」（祝祭）と「ケ」（日常）の区別を強く認識していました。そのなかで生まれ、語られてきた民話や昔話は、おそらく、日常を非日常へ、「ハレ」の時空へと意識的に転換しようとする共同体の知恵なのです。

通夜は、死者を弔うために、夜通し起きていることですが、かつて日本にはそのほかにも眠ってはならない「ハレ」の日がありました。その一つが「庚申待ち《こうしん》」という信仰行事です。

これはもともと中国の暦からきているもので、人の身体には三匹の虫がいて、「庚申」の日に、夜寝ている間に身体から抜け出し、天帝にその人の善悪を告げる。天帝はその罪悪に応じて、その人の寿命を縮め、ときには命を奪うと信じられていました。だから、虫が抜け出さないように、神仏に飲食を供え、その日は眠らない。干支《えと》は十二支の組み合わせで、六十通りで一回りしますから、「庚申」の日は二カ月に一回やってきます。そのとき、眠らないためにはどうしたかというと、人々は皆で集まって順番に笑い話をしたのです。笑いは魔除けとも考えられていましたし、眠気覚ましには最適でした。

樋口清之氏は『笑いと日本人』という本の中で、「庚申待ちは村落の親睦会」だったと言っています。

庚申待ちについて、「この日を村の寄り合いにして、今でいう村議会の役割を果たしたこともある」し、「笑いを一同が共有することで、共同体の結束が強まる」と指摘しています。

庚申信仰は平安時代の貴族社会の風習が、鎌倉時代に武家社会に広がり、江戸時代には、全国規模の民間信仰となっています。江戸時代に多くの笑いの説話が生まれ残った背景には、この「眠らない夜」の存在があったのです。

江戸時代の「吉四六《きっちょむ》」や「彦一」のとんち話は地域共同体において、税金を集める権力者の庄屋や役人をだましてぎゃふんと言わせたりする、ある種の風刺的な地域的英雄の説話です。だますのは庄屋だけではなく、村人もだまされるのですが、主人公は何となく憎めないとんち者なのです。ふだん（日常）は上位に立って権勢を振るい、ときに人々を虐げる存在の権力者が、面目や権威を失い、人々がそれを見て溜飲を下げ、笑いものにするという逆転現象。その「非日常」をつくり出すのがこれらの地域英雄だからでしょう。

地域英雄の説話は古くから日本中にありますし、世界各地にもあります。この場合の「英雄」は、闘いで勝つ強い者のことではありません。地域英雄といっても、彼らは攻撃的、好戦的、暴力的に闘う存在ではないのです。むしろ「烏滸の者」の第二の特質としてあげた非攻撃的、非好戦的、非暴力的で、無防備な脆弱さをもっています。闘うこともあるかもしれませんが、本来主流ではなく、英雄とは本質的に、自らを「変える」ことによって、周りの人たちに幸運をもたらし、影響を与える者のことなのです。もたらされる幸運には、「ケガレ」を祓う笑いももちろん含まれます。

歴史をさかのぼってみると、世界最古の長編小説といわれるのが、平安中期に書かれた『源氏物語』ですが、その約百年前に、『竹取物語』が書かれています。これもまた、地域英雄の物語と見ることができます。

『竹取物語』は、平安時代初期、八九〇年代後半の作品と推定されていますが、正確な年代も作者も分かっていません。しかし『竹取物語』以前の日本には、神話や伝説、伝承という地域ごとの物語はありましたが、創作の作品はなく、これが日本で最初の「物語」だということができるでしょう。現に源氏物語の作者、紫式部も、『竹取物語』を「ものがたりのいできはじめのおや」(元祖物語)と高く評価しています。

『竹取物語』のなかの、かぐや姫に求婚する五人の貴公子には実在のモデルが存在しました。したがって、これは当時の貴族を嘲笑した風刺小説だとも言えるのですが、それはともかく、その五人に、かぐや姫は結婚条件として次のような超難題を課します。

難題一、「仏の御石の鉢」(天竺にひとつしかないという石の鉢)
難題二、「蓬莱《ほうらい》の玉の枝」(蓬莱山にあるという玉の木の枝)
難題三、「火鼠の皮衣」(古代中国伝説の動物、火鼠の不燃の皮衣)
難題四、「竜の首の珠」(竜の首にある五色の光を放つ珠)
難題五、「燕の子安貝」(つばめが子を産むときに腹に抱える子安貝)

これらを探して持参するよう課題を出された五人が、探せずに偽物を作ったり、それが暴露されたり、捕獲できなかったりの連続で、貴公子たちの求婚と失敗を書きつらねたこの風刺小説は、読む人々を大いに笑わせたことでしょう。その意味では『竹取物語』は、進んで人を笑わせる「烏滸の者」の精神を体現した烏滸の小説でもあるのです。

それだけでなく、この独創の物語には、それまでの長い年月、人々の間で語り伝えられてきた「昔話」や「説話」が多く盛り込まれています。今日の民話学の分類に従えば、かぐや姫の誕生は「小さ子説話」(「異常出生説話」)、かぐや姫を育てるお爺さんが砂金の詰まった竹を見つけて金持ちになる場面は「長者説話」、五人の貴公子たちの求婚失敗は「求婚説話」(「難題説話」)、かぐや姫が天から来て天に帰るという背景は「羽衣説話」(「天人女房説話」)といった具合で、人々の知る話(ある様式をもった話)がふんだんに盛り込まれているのです。そして、このような「昔話」や「説話」には、古くから存在した「烏滸の者の精神」が宿っており、それらをぎっしりと詰めて書かれた作品が『竹取物語』だということもできるのです。

平安時代には、この『竹取物語』や『源氏物語』『枕草子』だけでなく、世界に誇れる優れた日本の文芸作品が数多く誕生しました。女装の若君と男装の姫君が「取り違え」する『とりかえばや物語』。日本版シンデレラ『落窪物語』。いずれも悲喜劇を含む傑作です。あるいは、説話集『今昔物語』二十八巻には「烏滸の者の精神」を宿す滑稽話が詰まっています。

平安時代の貴族社会でこれだけ多くの文芸傑作が生まれたのは、おそらく前述した「眠らない夜」（庚申の日）の存在が影響しているのでしょう。貴族たちは眠らない夜に物語を語り合ったのです。

一方でこの時代は、遣唐使を廃止したあとの時期、いわば鎖国の時代であるとともに、地震や富士山の噴火活動の活発な「災害の時代」でもありました。

これは江戸時代も同じで、鎖国中に浮世絵や歌舞伎などの美術、大衆芸能が発展し、世界史上まれに見る個性的な文化が花開くとともに、大災害が頻発するという時代でした。

鎖国の時代は、外に閉じ、内に開く時代です。打ち続く災害は、さらに人々の思考を内部へと導きます。内に向き、外から来るものはわずかですから、そこにあるものが成熟し円熟していく。だからこの時代には日本独自の文化が花開き、国際的にも通用する質の高さに成熟したのだと思われます。

話を戻しますと、『竹取物語』の主人公、かぐや姫は、「小さ子」が急速に成長し、たぐいまれな美貌と強さをもち、育ての親に幸運をもたらす女性型英雄物語です。

柳田国男の昔話研究の名著『桃太郎の誕生』は、一九三三年、柳田が欧州から帰国して十年後に生まれました。桃太郎もまた「小さ子」が急速に成長して、常人の企てがたい難事業を苦なく成し遂げる男性型英雄物語です。柳田は次のように述べています。

アジアでもヨーロッパでも、現在知られている英雄の成功譚には、単に小さくて弱々しい者であったという以上に、非常な貧乏人であり、極度のなまけ者であり、または少なくとも外見には法外なおろか者でもあった（中略）者が後に偉い事をしている。（『桃太郎の誕生』）

近代化された社会の学校が育てる人間像は、真面目で勤勉で賢く社会性のある若者でしょう。おろかであることは、まさに愚かである。しかし、その対極にあるものが、前近代社会の英雄像なのです。

この「小さ子」の英雄物語のパロディのような物語もあります。ひとりの小さ子の英雄ではなく、多くの小さ子が幸運を運び去ってしまう「米倉法師」の話です。柳田が『桃太郎の誕生』の中で「盲の道化」という型に分類した、目の見えぬ者が「烏滸の者」となって笑いを呼ぶ話でもあります。

米倉とは「小盲」のことです。

昔、ある男が子どものいじめている亀を助けてやる。亀の恩返しのようだが、亀は美しい女になって、宝物の小槌《こづち》をくれた。その小槌は三度願いを叶えてくれるという。男は家に帰って女房に相談するが、女房は欲深く知恵が足りない。さっそく「雑炊《ぞうすい》千杯」と言って小槌を打つと、雑炊千杯が出る。次は「草履《ぞうり》千足」と言うと、草履千足が出る。さあ大変、残りは一度。これで米も出し、倉も出さねばと、大急ぎで「コメクラ千、コメクラ千」と唱えると、たちまち小さな盲が千人出てきて、あれよ、あれよという間に、雑炊千杯を食い、草履千足を履いて、さっさとどこかへ行ってしまいましたとさ。

何度聞いてもおかしいこの話には、亀の恩返し、宝物の小槌、米、草履、小さな人……と、日本の伝統的な説話の要素がたっぷりと盛り込まれ、それがまたおかしさを誘います。

欧州の民俗学に触れ、帰国した柳田は、日本の昔話や古い笑いの中に独自の文化を見いだしました。その研究をはじめとする柳田の事績については、あとでまとめて紹介しますが、昔話や民話が笑いの宝庫であり、それらの笑いが、かつての共同体のありようや人々の暮らし、その中で培われた精神と分かちがたく結びついていたことを知っておきたいと思います。

狂気と笑いと共同体

現在、世界では三億五千万人を超える人がうつ病など精神疾患で苦しんでいるという世界保健機関（WHO）の発表がありましたが、日本でも人口の約一パーセントが統合失調症（精神分裂病）、つまり何らかの心身の「狂い」をもっているといわれています。

そして、そうした人々を現代人は非常に恐れています。ひとりでニヤニヤしたり、独り言をつぶやいたり、突拍子もない言動をする人々に出会うと、不気味な恐怖を感じてしまうのです。

しかし、現代フランスの代表的思想家、ミヒャエル・フーコーが『狂気の歴史』という本で示したように、歴史的社会的状況によって、あるいは環境的要因によって、何を人々が「狂気」と見るかは変わります。各時代の価値観が「狂気」を生み出していくのです。

古代社会のように、シャーマニズム的トランス、エクスタシー、憑依《ひょうい》現象を神聖なものとみなした時代には、「狂」なる者は聖なる使徒、あるいは神の代弁者であり、未来の預言者ともみなされました。

ルーマニアの宗教学の世界的大家、ミルチャ・エリアーデは、シャーマン（巫者）の基本的条件は神経障害の素質だと述べていますが、「狂気」はシャーマンの召命をもたらす聖なる夢想であり、ビジョンであったといわれています。

同様に、現代の日本社会で「狂人」とされるような人々が、じつは前近代の共同体社会では特別な存在として大切にされていたのです。ときには、共同体の「ハレ」（祝祭）の場に不可欠な存在ともされました。自然に人を笑わせる彼らは、神に笑いを捧げる「烏滸の者」に近い存在とされたのです。

柳田国男は、日本でも古くから、白痴や幼児の愚かで頓狂な言動に笑い興じることが深い意味をもち、社会が彼らに宗教的儀式での重要な地位を与えていたことを指摘しています。童子はあの世とこの世の境にいて、この世のものならぬ霊力をもつ存在でした。童子を意味するワラハという語が、「一方にはワラハヤミと謂って物気《もののけ》の症を謂い、他の一方には笑いの日本語と語原を共通にしている」（「笑の文学の起原」）と柳田は言います。

子どもはあの世からの客人であるともいえますが、狂人はあの世の原理を自らの内に取り込んだ、いわば「取り違え者」です。彼らの言動はあの世からのメッセージだとも考えられたのです。あの世の原理はこの世の原理とは反対です。お金も地位も名誉も権力も、この世で大事だとされているものはあの世では何の役にも立たない。「取り違え者」はあの世の原理で生きようとします。そのような人々は近代化によって「あの世」が消えていく社会では狂人とみなされるのです。

折口信夫の発見した神、「まれびと」も、このような「あの世の使者」と考えられました。共同体の外から来る神です。折口は障害の多かった時代の旅について、「神の教えを伝播するもの、神々になって歩くものでなければ旅はできない」と語っています。彼は台湾の『蕃族調査報告』にそうした人々の存在を見て、「われわれには、精神異常のはなはだしいものとしか思われないのですが、それらが不思議にそうした部落から部落へ渡って歩くことが認められている」（「日本人の神と霊魂の観念そのほか」『柳田国男対談集』）と言うのです。

あの世の原理を外から持ち込む「まれびと」は、共同体の内から見ると、狂いを持ち込む神です。一方、柳田はその折口のまれびと論を批判します。柳田は、神は共同体に統一性をもたらす存在として立ち現れるものと考えたからです。柳田の考えでは、おそらく共同体に狂いをもたらすのは、共同体内部から現れる「烏滸の者」だということになるのでしょう。

その論争の当否はともかく、柳田が指摘したように、「狂気」と「笑い」には深いつながりがあります。

神話的アナロジー（類比）は、類似する別のレベルのものを同列に考える、いわば「取り違えの論理」ですが、笑いの源となる狂気的な取り違え、間違いは、神を楽しませる笑いの供儀から生まれました。

「誤」という字は、その起源をたどると、まず旁《つくり》の「呉」の字が、「𠙵《サイ》」（祝詞を入れる器）を掲げて、舞いながら祈る人の形で、神を楽しませることをいうのだそうです。そして、そうした人が「熱心に舞い祈り、神がかりのうっとりした状態のなかで発することばは、正常でない誤ったことばや人を誤らせることばが多いので、誤は『あやまる、あやまり』の意味となる」（白川静『常用字解』）とされています。つまり、狂乱的なエクスタシーによる誤りが笑いを生み出すのです。

共同体社会で生まれた漫才の源流をなす「千秋万歳《せんずまんざい》」は、「招かれざる客人」たる神々が家々を訪問するという形で始まり（これについては後述します）、古くは平安時代の宮中出入りの祝い芸でした。

万歳の本質は「誤り」の「取り違え」です。「千秋万歳」は、正月になると、太夫がめでたい口上を述べ、才蔵がそれに合の手を入れて鼓を打ちました。この「めでたさ」と「おかしさ」が一緒になり、愚か者（才蔵）が相手（太夫）の真面目なせりふの意味を取り違える。このような笑わせ方を基本にして生まれたのが万歳なのです。

取り違えは「狂気」の本質です。そして、「烏滸の者」はそのような取り違えの狂気をどこかにもった存在です。それは「烏滸の者」があの世の原理をこの世に持ち込むものだからです。この価値を逆転させる「取り違えの狂気性」が「烏滸の者」の第四の特質だといえるでしょう。

共同体社会はあの世の原理を内包し、そのような狂気を社会に取り込んで決して排除することはありませんでした。しかし、近代社会はわずかな狂気も見のがさず、排除しようとします。そのような社会で「烏滸の者」は生きることはできなかったのです。

烏滸の者の「社会制度化」

笑いの源となる狂気的な取り違えを自然に演じ、神を楽しませる笑いの供儀のなかで、神との媒介となる大事な役割を担ってきた「烏滸の者たち」――。

その人々は社会にとって、たしかに意味のある存在でした。しかし、近代的な思考、つまり役に立つもののみに価値があるという「有用性」（あるいは経済性）の思想がはびこり、社会的な権力と結びついていくとき、これらの人々を排除しようとする「監獄的な制度」が生まれてきます。

ここでいう監獄的な社会制度とは、閉鎖的で、狂気の者を獄舎のような場所（精神病院など）に封じ込める社会のありようのことです。しかし、この閉鎖的な息苦しい社会制度が生じてくる一方で、それに対抗する形で一時的に共同体的原理をよみがえらせ、社会の価値を逆転させようとする「祭り」も、世界各地で生まれてきました。世界中で人々は、そのような文化をつくってきたのです。それらの文化を私は「烏滸の者の社会制度化」と呼ぼうと思います。

たとえば、そのひとつが、キリスト教会の権威的秩序に対する破壊の祭り、カーニヴァル（謝肉祭）です。

キリスト教の暦では、春の復活祭を迎える前に「四旬節」という四十日間の準備の義務期間があります。この間は日曜日を除き肉食を断ち節食して春を待ちました。キリスト教にもかつてイスラム教のラマダンのような断食期間があったのですが、「四旬節」の修行のあとに、大いに肉を食べ、酒を飲み、ばか騒ぎをしたのが、カーニヴァルでした。それは年に一度のすべてが許される「無礼講」なのです。

カーニヴァルは日常生活のルールをひっくり返す意味を持ちます。偽の王がさかさまの世界に君臨し、主人と奴隷が地位を交換し、あるいは男と女が入れ替わり、法の規律が無法になり、裏返しの世界が出現する。人々は仮面をかぶって、神や別の異界の存在となり、儀式は逆の手順で行われ、あらゆる差異を引っくり返し、序列も抹消されて、すべてが反転し逆転する。カーニヴァルは、取り違え、狂気を意図的につくり出し、あの世とこの世との相互扶助の原理を働かせる社会的制度なのです。

文化人類学者、山口昌男氏はカーニヴァルについて「たまりたまって増大したエントロピーをいっせいに発散させる」ものとしたうえで、次のように言います。

かなり多くの社会が、そういうものを文化の中に仕掛けていて、そういうときには、かえってマイナスエネルギーが創造的エネルギーに転化する、その仲立ちの役割をするのが笑いだ。(「笑いについて」『笑いと逸脱』)

アメリカのハロウィーンもまた、日本のお盆のような「死者の祭り」です。ハロウィーンは古代ケルト人の新年を迎える祭り(死者の魂が戻って来ると信じられた)が起源とされますが、キリスト教が十一月一日を諸聖人の祝日(万聖節＝All Saints' Day)としてから、その前夜祭として祝われるようになっています。子どもたちがさまざまな衣装に身を包んだ仮装行列で、「トリック・オア・トリート」(お菓子をくれるか、くれないとイタズラするぞ)と言って街を練り歩きます。この日、街では、死者が生者となり、子どもが大人となり、人間が異界の者となり、意図的に狂気の笑いの世界をつくり出すのです。

日本の祭りの源流をさかのぼってみると、世界の祭りと共通であることが分かります。祭りの源流である宴会は、神が人の姿となって客人となり、一方、神を迎える家の主人は神となり、舞い踊りました。神と人とがその役割を交換するわけです。日本の盆も、じつはもともとは価値を転換する祭りでした。柳田国男は死者の迎え祭りの盆を次のように言っています。

盆には常のような仕事をしてはならぬこと、すなわち休みは単なる労働の免除ではなくて、物忌《ものいみ》の一つの慎みであった。（『先祖の話』）

死者が生き返って家に戻り、逆に生者が物忌みをして死を偽装するという価値の逆転。死を生に、生を死に交換するのです。

折口信夫は盆をどのように言っているかというと、盆が魂の切り替えの時期で、生者と死者、両者のものだったことを指摘しています。

盆の祭り（仮りに祭りと言うて置く）は、世間では、死んだ聖霊を迎へて祭るものであると言うて居るが、古代に於て、死霊・生魂に区別がない日本では、盆の祭りは、謂はゞ魂を切り替へる時期であつた。即、生魂・死霊の区別なく取扱うて、魂の入れ替へをしたのであつた。生きた魂を取扱ふ生きみたまの祭りと、死霊を扱ふ死にみたまの祭りとの二つが、盆の祭りなのだ。（『盆踊りの話』）

このような、価値を逆転させる祭り、すなわち「烏滸の者の社会制度」であったはずの盆はしかし、次第に変容していきます。そのことを柳田は、盆が本来の価値の逆転ではなく、凶礼のようになってきたと表現しています。

盆が元来は死に対する我々の怖れを、鎮め和《なご》めるための式だったことは確かだが、結果はやや意外にも一段と死ということを忌み嫌わしめた。(『先祖の話』)

死に対する鎮め、明るさを本来もっていた盆の変容がなぜ起きたのか。それは日本の仏教がこの世からあの世への儀式を独占し、死者の笑いを奪っていったことと関係しているように思います。疫病や飢饉などが続いて命を全うできない死者が都市に溢れていた時代、死霊の穢れを祓って怨念を鎮めるのが仏教の役目でしたから、それもやむを得ないことだったかもしれません。死の儀式によって真剣に怨霊を鎮めなければならなかったのです。しかし、一方ではそのことが、死者の笑いを奪うと同時に、生者からも笑いを奪う結果をもたらしました。

あの世から死者の魂を迎える、死に関係した儀式のもつ本来の明るさ。魂を入れ替え、改める高揚感。それは折口の示す古代日本のように、アイヌの人々が現在でも変わらずにもっている死生観でもあります。

アイヌ研究者の藤村久和氏は次のように、指摘しています。

アイヌの人たちの話を聞くと、昔長老が死んだときに、こんなに長生きした人があるといって、逆に祝ったという。長生きをした人の葬儀で、これを祝うということは、北海道でも、あるいは本州の山村でも見られたことである。（中略）

アイヌの人たちにとっては、また昔の日本でも、葬式というのはひょっとするとケではなくて、ハレではなかったかと思う。（『アイヌ、神々と生きる人々』）

アイヌもかつての日本も、あの世は逆転した秩序の世界と考えました。霊はあの世とこの世を循環する。生者の世界がひっくり返った世界が死者の世界でした。死者の着物は左右逆に着せ、ご飯の食べ方も左手で食べ、食べ終わって箸を折りました。季節も時間も左右上下も逆ですが、それ以外、まったく瓜二つの対称性の世界なのです。

この対称性について、南方熊楠は粘菌のアナロジー（類比）からあの世とこの世の関係を次のように言っています。

灯生じて暗滅し、灯滅して闇生ずるがごとし、とあり、そのごとく有罪の人が死に瀕しおると地獄には地獄の衆生が一人生まるると期待する。その人また気力をとり戻すと、地獄の方では今生まれかかった地獄の子が難産で流産しそうだとわめく。いよいよその人死して眷属の人々が哭き出すと、地獄ではまず無事で生まれたといきまく。（中略）

人が見て原形体といい、無形のつまらぬ痰《たん》様の半流動体と蔑視さるるその原形体が活物で、後日蕃殖の胞子を護るだけの粘菌は実は死物なり。死物を見て粘菌が生えたと言って活物と見、活物を見て何の分職もなきゆえ、原形体は死物同然と思う人間の見解がまるで間違いおる。（「岩田準一宛書簡　昭和六年八月二十日」『南方熊楠コレクションⅢ　浄のセクソロジー』）

逆転した世界で、この世の死はあの世での誕生にあたり、この世で病気を回復したものはあの世から見れば流産となる。向こうの世界から送り出された子どもは、こちらで富と考えられるのも同じ原理です。

このように、烏滸の者が社会制度化された世界では、あの世とこの世が流動的に深くつながっているのです。そのような世界を、かつての共同体社会はごく自然にもち、その後の近代化社会の中では、さまざまな「祭り」が、その世界の変容した姿を残しているのです。

共同体の分化とともに

農村を中心とする共同体社会には「共同体の笑い」があり、そこには共同体内の笑いを体現する「烏滸の者」が存在しました。人々が笑いを通じて「あの世」ともつながっていた共同体のあり方は、言うならば、あの世とこの世を結ぶ社会形態でもあったわけです。

そしてそのような共同体社会では、あの世はこの世とはあべこべの世界と考えられていました。二つの世界は、空間と時間の秩序が反対だと考えられてきたのです。

先に述べたアイヌの世界観と同様に、この世の「上」はあの世の「下」、この世の「右」はあの世の「左」、この世の「夜」はあの世の「朝」、この世の「夏」はあの世の「冬」となります。いまでも葬式で、死んだ人の着物を左右反対（左前）に着せ、本来の葬式であるお通夜を夜に行うのは、あの世で朝を迎え、着るものも困らないようにという死者への配慮なのです。

そのように、かつてはつながっていたあの世とこの世が、次第に分断していったのは、なぜなのでしょうか。

それは、人々の間で「モノ」を共有する習わしが崩れ、共同体に「経済」という新しい価値が入り込んだからだと思われます。一方、「経済」から成り立った都市は、初めから、あの世とこの世の関係が途切れた社会であったともいえるでしょう。そして農村と都市の社会経済構造が、共同体の笑いと都市の笑いとを、それぞれに形づくっていったのでしょう。

その共同体社会においても、「経済」すなわちお金の存在は、公共のものを私有化させ、非日常を日常化させ、聖なる祝祭をも世俗化させていきました。そうした過程で、あの世とこの世があべこべの世界であることも、あの世の存在すらも次第に忘れさせてしまったのです。同時に、共同体に経済的価値が入り込み、貧富の差が生まれると、笑いもまた神や異界と切り離され、世俗化という形で大きく変容していきます。もっと端的に言えば、「神事としての笑い」から「芸能としての笑い」へと姿を変えていくのです。

「芸能」はもともと宴会ともいうべき祭りから起こった、と言ったのは折口信夫でした。宴会には客人《まれびと》を招くが、その「まれびと」としてやってきたのが神だったというのです（『日本芸能史六講』）。

折口が指摘するように、祭りとは本来、祭っている神を客人として迎えることでした。奉られていた神が人間となって招かれ、逆に神を奉っていた人間が神となって、神に捧げる舞いなどを披露する。価値の逆転の儀式が、「宴会」として、しかも公共の「聖なる土地」を離れて個人の家で行われるようになったのです。

かつての共同体に、あらゆるものを共有し共同で利用する共有財産制が生きていて、まだ私有財産という概念すらなかったとき、天と地を結ぶ聖なる土地での祭りは、神と人とが一体のものだったことでしょう。前述の柳田国男の指摘（一〇六ページ）のとおり、祭りの願いはあくまでも公共のものであり、そこでは、神がかりした者とそれを見る者（観客）の区別もなく、人々は聖なる笑いを共有していたでしょう。

しかし、共同体の内部に貧富の差が生まれ、社会の分化が進んでくると、富のある家ではそれまでの共同の祭りとは別に、私的に、神としての客人を家の外から招いて宴会の形で祭りを行うようになりました。その宴会は、当の家や土地に関して、昔どおり神が家を守り、繁盛させてくれるよう、神と交わす約束の更新が眼目です。そしてこの宴会から、神と家人との掛け合いが生まれ、芸能の源泉となっていきます。

その「宴会から芸能が生まれる過程」を思想家の鶴見俊輔氏は次のように解説しています。

宴会の中で、その幕間《まくあい》狂言として、天から来た神と土地にいる神、遠くから来た客人とここに住んでいる家人との掛合いが生まれ、その掛合いが、乞食法師たちというそれぞれの代理人集団をとおして、家の人々の前で演じられた。（『太夫才蔵伝　漫才をつらぬくもの』）

この掛け合いは、「神がおりてきた時に、この土地に古くからいた生きものにくだされた（と信じている）ことばがくりかえされ、そのことばを受ける役の人がことばをかえすという形」で行われ、それが祭りの中心となっていたと鶴見氏は言います。

一方、共同体内部に貧富の差が生まれ、富をもった者が宴会を開くと、その家の地位が高ければ、座敷に上がれない者がいる。「招かれざる客」です。そのことを、折口信夫は、「見物の発生」ととらえ、芸能とその観客は「まつりの饗宴の招かれざる客から分化して来た」（『日本芸能史六講』）と言っています。

つまり、富者が私的に開く宴会では、「座敷に上がれる客」と「上がれぬ客」の区別が生じる。その「上がれぬ客」のうちにも、先に触れた千秋万歳の才蔵と太夫のように、神や精霊の代理人として一種の儀礼である掛け合いを家の前で演じる人（招かれざる神々＝漫才師の源流）と、それを見る人（招かれざる客人）とが現出するようになった、というわけです。

このように、「経済」の登場は共同体社会内部に貧富の差を生むと同時に、神自体にも上下の区別を生み、祭り（宴会）の参加者（客人）にも上下の区別を生みました。そしてこの「共同体の分化」によって、かつては神と人とが一体であった「神事としての笑い」が、神事から分離した「芸能としての笑い」へと変容していったのです。

「あまのじゃく」から「おどけ」と「もどき」へ

「神事としての笑い」が「芸能としての笑い」に変容していくとき、烏滸《おこ》の者にはどのような変化がもたらされたのでしょうか。

漫才には「ボケ」と「ツッコミ」という型があります。関西地方では、いまも生活のなかに「ボケ」と「ツッコミ」が馴染んでいる文化（気風）があるように思えますが、それは先に述べたように、愚か者（才蔵）が相手（太夫）の真面目なせりふの意味を取り違える「千《せん》秋《ず》万歳」が源流になっています（有名な「三河万歳」などもその流れのなかにあります）。「千秋万歳」は平安時代に大和（奈良県）で発祥したと伝えられるようですが、さらにさかのぼってみると、古代の「あまのじゃく」につながっていきます。

何にでも反対を言う「あまのじゃく」。この「あまのじゃく」は民衆と権力者と笑いの関係を考えるとき、重要なので、ここで少し触れたいと思います。

「あまのじゃく」は、漢字で「天邪鬼」と書きます。この「天」という文字から、もともとは神を意味することが分かります。つまり、あまのじゃくは、先住民の神が征服民の神によって「鬼」とされた姿です。

あまのじゃくは、『古事記』に出てくる「あめのさぐめ」（天探女）がその原型をなすといわれています。

天上のアマテラス（天照大御神）が地上のオオクニヌシ（大国主神）に国を譲るようにアメノワカヒコ（天若日子）を送ります。しかし、アメノワカヒコは、反抗する神に服従を説くという任務を忘れ、オオクニヌシの娘シタテルヒメ（下照比売）と結婚してしまいます。しかも自分が地上の支配者になろうとして、八年もの間、音沙汰がありません。そして、しびれをきらしたアマテラスが「なきめ」というキジ（雉名鳴女）を伝令に派遣してくることを、事前にアメノワカヒコに伝えたのが、「あめのさぐめ」です。「なきめ」がやってくることを事前に分かっていたアメノワカヒコは「なきめ」を矢で射落とすのです。

「あめのさぐめ」はその名の通り、人の心や未来を探ることができる神でした。「あめのさぐめ」は征服者によってやがて「鬼」の存在にされます。つまり、人の心を読みとり、それと反対のことをする「天邪鬼」へと変えられてしまったのです。

折口信夫は、「あまのじゃく」が土地の精霊だと言っています。折口は、日本の先住民の神、土地の精霊「あまのじゃく」が「抵抗」と「忍従」とに分かれ、芸能が二つの流れの源流になると考えました。支配に抵抗し、やたらにしゃべって反対したりするのが、「おどけ」。他方、支配に忍従し、相手の言葉を繰り返すのが、「もどき（ものまね）」。神々が土地を征服するとき、外来の神と土地の精霊が問答をし、結局、土地の精霊が負けていく。それが狂言や舞踊などの芸能の源泉だというのです。

折口が言うように、宮中出入りの祝い芸ができる以前には、「主たる神に対して、もどく(まねをする)精霊」という宴会芸がありました。

「もどき役」は主役の芸をまねて、主役に逆らい、見物人の共感の笑いを誘い出す者です。他方、神の発する言葉に服すまいと、断じてものは言わぬと黙ってみたり、逆にやたらとしゃべりまくって反対してみたりして、抵抗する「おどけ役」がいる。先に鶴見氏の解説でもご紹介したように、その闘争的な掛け合いが万歳芸につながっていくのです。言葉を変えれば、「もどき」が「ボケ」、「おどけ」が「ツッコミ」にあたるでしょうか。

このような芸能の源泉となった神と笑いの関係は、神に笑いを捧げていた関係から大きく変化し、神に抵抗し忍従することで笑いをつくっていきました。

進んで人を笑わせ、その笑いを神に捧げてきた烏滸の者は、神に笑いを捧げることがなくなった社会では当然消えていきます。「抵抗」する「おどけ」と「忍従」する「もどき(ものまね)」がその末裔として生き残り、それが「笑いの職業化」にもつながっていきます。

第五章　都市化・近代化と笑いの変遷

家畜化された笑い

共同体が変容し、社会の分化が進み、笑いもまたそのありようが変化して「芸能化」や「職業化」といった現象が現れてくると、古代の「音霊社会《おとだま》」で笑いがもっていた呪術的な力は完全に失われたといってよいでしょう。

神の笑いを引き出して安寧を得ようとする呪術的な笑いや、村八分《むらはちぶ》を解く「笑い講」など、中世、近世の村落共同体に残されていた笑いの力も、都市化によって消えていきます。都市化、近代化は、笑いだけでなく、人の暮らしのあらゆる営みから呪術的で非科学的な「力」を削いでいきました。

では、そうした変化が進むなか、それまで笑いの体現者として神の世界と人間の世界を結んできた「烏滸《おこ》の者」と呼ばれる人々はどうなっていったのでしょうか。

少し過激な言葉で結論から先に述べると、かつて烏滸の者であった存在は、「家畜化された道化」へと変容していったのです。

これまでさまざまな側面から紹介してきた「烏滸の者」が、家畜化するとはどういうことなのか。それを語る前に、まずは「笑いの職業化」ということの内実を、もう少し詳しく見てみましょう。

職業化に至る笑いの「転換」は、西欧社会でも早くから見られました。

古代ギリシャの哲学者、アリストテレスによれば、喜劇（comedy）は、古代ギリシャの酒神ディオニュソスを崇拝するディオニュソス教の儀礼に集まって狂乱した人々が歌った歌、コモス（komos）に由来するといわれます。

かつて、アポロの聖地、地球の中心とされた土地デルフォイの儀式に、ディオニュソス教の人々が乱入し、笑い声やみだらな金切り声を上げ、エクスタシーの発作などを現出して、厳粛な儀式の進行を邪魔するということがありました。そのときに、アポロの神官はそれを追い払うのではなく、雇い入れ、神殿の行事に組み込んだというのです。

本来は自らの神に捧げていたある集団（共同体）の共有財産としての笑いが、他者に（あるいは共同体内の特定の支配者に）雇用され、管理されて形や意味を変えられ、支配者の意図で使われるようになる。そのことを「笑いの家畜化」というならば、これはたしかに西洋古代史上における実例のひとつだといえるでしょう。

時代は下って、中世の放浪民、浮遊民となった道化的芸人や芸能民は、西洋であれば修道院から追放されたり、自ら修道院から自由になったり、あるいは社会の周縁に追いやられた人々であり、日本であれば下級官人や賤民身分の人々でした。それらの人々が宮廷道化になったり、支配者や権力者をパトロンにもつ芸能者として、税金や課役を逃れ、何らかの権威的保護を受けて、一種の奴隷的身分に落ちることで支配者に組み込まれていく。烏滸の者はこうして家畜化された道化となっていったのです。

西洋の宮廷道化だけでなく、日本の武家社会における「お茶坊主」や室町時代の「お伽《とぎ》衆《しゅう》」なども同様の存在です。

柳田国男は次のように言います。

大名の家々には必ず一人以上の「咄《はなし》の者」、または「咄の衆」という臣下がいた。足利家ではこれを同朋《どうぼう》と名づけ、普通、沙弥《しゃみ》の形をして何阿弥《なにあみ》などと呼ばれる故に、また坊主とも謂っていた。同朋とは御相手の意味で、従ってこれを御伽《おとぎ》の衆とも称えた」（「笑の文学の起原」）

大名が城から外へ出て遊ぶようになり、専門のお抱えの道化を置かなくなると、町や村が彼らを抱えるようになっていきます。

さらに江戸時代になると、都市での庶民の生活も安定し、娯楽を求めるようになりました。一六七〇年代には、京都の四条河原、北野天満宮など人の集まる場所で、仏事祭礼のときなどに「辻咄《つじばなし》」を始める者が現れました。噺家《はなしか》の元祖と呼ばれるのが、京都の「露《つゆ》の五郎兵衛《ごろべえ》」です。上方落語の祖といわれ、大阪天王寺の生國魂《いくくにたま》神社で活躍した「米沢彦八」なども同時代の人です。彼らは笑いで生計を立てるのです。

ここに職業としての笑いが誕生するわけです。かつて「市」は神社仏閣の庭で開かれました。「市」では神の御前で、神に捧げられたモノが売り買いされました。落語の元祖、「辻咄」も同様です。笑い話は本来、神に捧げられ、それに対して聴衆が代銭をあげるという形をとっていたのです。

桂三枝師匠が奉納落語を行ったように、落語で神に笑いを奉納する習慣は、神社仏閣に開かれた「市」の場で神に捧げられた笑いが基《もと》になっているといえます。しかし、半面でそれは、共同体の共有の営みだった神への捧げ物としての笑いが、経済の登場後、その発展形の象徴たる市を舞台に、職業人によって「生産」され、民衆がそれを「消費」するという売買の対象になったことも意味しました。

こうした笑いの職業化は、都市化や近代化によってさらに加速し、都市経済の成長を享受する町人、あるいは共同体社会の原理から離脱する都市住民が、自ら進んで職業化した笑いを求めるようになります。笑いの職業人は、彼ら観客という大衆の需要に対して笑いを提供する「笑い職」となるわけです。かつて、共同体全体の要請によって、あるいはさまざまな宿命によって自らが進んで笑いを提供した「烏滸の者」と違い、そこに提供されるのはお金のための笑い、いわば「家畜化した笑い」なのです。

ウソと「烏滸の者」

前近代的な共同体社会が変わっていくとき、笑いや烏滸《おこ》の者も変わっていきます。それは「近代化」というものの巨大な力が影響しています。「近代化」は共同体に存在した狂気や烏滸の者、さらには「ウソ」（嘘）も、異質なものとして排除していくのです。

かつて、少なくとも日本の近世社会において、「ウソ」は悪いものではありませんでした。たとえば、戦国時代の武将、織田信長にも謁見し、三十五年間日本でキリスト教の布教をしたポルトガル人宣教師ルイス・フロイスが『ヨーロッパ文化と日本文化』という本の中で、「われわれの間では人に面と向かって嘘つきだということは最大の侮辱である。日本人はそれを笑い、愛嬌としている」といっています。

世界的にもウソに価値を置く文化は見られます。現在でも、四月一日にウソをついてもよいという「エイプリルフール」（四月馬鹿または万愚節）という風習が世界中に広まり、残っています。

かつてヨーロッパでは新年を三月二十五日とし、新年を迎える祭りをしていました。ところが、フランス王シャルル九世が一月一日を新年とするグレゴリオ暦（いわゆる太陽暦の新暦）を採用して、新しい暦年システムを導入し、これに反発した人々が四月一日を「ウソの新年」として馬鹿騒ぎを始めたというのが「エイプリルフール」のきっかけだといわれています。ヨーロッパでは、合理的、近代的な暦のシステムに反抗して、ウソという笑い文化を楽しむ風土がつくられてきたのです。

日本でもエイプリルフールの新聞記事が一九九〇年代に登場しました。あの固い朝日新聞が一九九八年に「政治家の発言を本音に翻訳する機械が発明された」と報じています。二〇〇一年に東京新聞が「双子と思われたきんさん、ぎんさんに三つ子の妹『どうさん』がいて、移住先のブラジルで亡くなった」という記事を掲載したのが卓越しています。

東京新聞は二〇一二年にも「日本にいた!? 逆白黒パンダ」「ウラ原子力ムラの野望? 低速増殖炉『みろく』」という記事を写真入りで掲載していますが、私は人間の感情をエネルギーにした「怒力発電」の記事に拍手を送りたくなりました。これによると、「福島原発事故では、政府や東京電力、学者らによる、行き当たりばったりの言説に、多くの国民が怒った。組合の研究者はそこに着目。瞬間的に沸き上がる怒りの感情を「怒力エネルギー」と名付け、これで動く小型発電システムの開発に昨年末、成功したという」のです。一人あたりの発電力は少ないが、「怒っている人を集めて手をつないでもらえば、直列となり、家庭のエアコン程度は動かせる」というのが笑えます。

この多忙な現代社会において、本来の目的や合理化、効率化から外れ、「無意味」なことに時間と労力をつぎ込んでこれらの記事が書かれることは、やはり貴重な文化的取り組みだといってよいのではないでしょうか。

ウソという文化は、近代化や合理化、効率化に抗する笑い文化として、世界各地で残されてきています。組織や制度が潜在的にもつ危機への、人間の本能的な対応技術としてウソという文化がつくられてきたのかもしれません。

そして当然のことながら、「ウソは泥棒のはじまり」などと言って、ウソが極端に悪いものと見なされるようになったのは、それほど昔のことではないのです。

日本の笑い文化を探求した柳田国男の幼少のころ、三歳になる末の弟が可愛いウソをついた話を柳田は回想しています。柳田の笑いの原点とも思える話です。

僅か一町ほどある豆腐屋へ、強いて志願をして油揚げを買いに行き、還ってきたのを見るとその揚豆腐のさきが、三分ばかり食い欠けてあった。そうしていま上坂の方から鼠が走ってきて、味噌こしに飛び込んでこれだけ食べて行った、と彼は説明したのである。御承知の通り我々の家庭では、小児のいやがるようなことは何でも鼠がする。彼に悪名をなすりつけることは、大人もよく用いるウソの一つの様式であった。三つになる児がそれをもう学んでいて、一町ほどの間に一つの小説を編んだのであった。幸いにしてこのウソの聴衆は、同情に富んだ人ばかりであったからよかった。私は今でもその折りの母の顔をよく覚えているが、随分やかましい人だったけれども、この時ばかりはおかしそうに笑った。そうして快くこの幼児にだまされて、彼の最初の智慧の冒険を、成功させてやったのである。(「ウソと子供」)

子どもにとって母親の存在はその人生を左右するものだともいえます。柳田にとって母親は絶対の存在だったのでしょう。次のような回想があります。

私は母の腰巾着、九州でいうシリフウゾ、越中の海岸地帯ではバイノクソなどと、皆にからかわれる児童であった。(「母の思い出に」『故郷七十年』)

母親を絶対視する柳田に、弟のウソに対する母親の対応は、どれだけ深く心に刻まれたことでしょう。

柳田自身も「お前少し嘘を書いてよこしたね」と親から言われ、「親を面白がらせようとして、いくらか文学的表現や、誇張を用いたのかもしれない」と回想しています（「布川時代」『故郷七十年』）。

かつて、ホラ吹きは「烏滸の者」でした。彼らは真理を語る者であったり、予言者であったりしました。古い時代においては、事実と空想の区別すら曖昧でしたから、ウソやホラということ自体が意味をもたなかったのです。天国と地獄があるといっても、誰も証明などできませんが、それを真理と考えることは可能なのです。

昔話の数々は、ときにホラ話でもあって、不思議な現象や分からないものに意味を与え、共同体を安堵させる重要な役割をもっていました。「ケ（日常）」が枯れた「ケガレ」を払い、安心を与える。娯楽の少ない昔において、大衆のために不思議な話を創造することは英雄的行為でもあったのです。

ウソを嫌った「近代化」

落語の三祖ともいわれるのが、前述した京都の露《つゆ》の五郎兵衛《ごろべえ》、大阪の米沢彦八、そして江戸の鹿野武左衛門《しかのぶざえもん》です。

いずれも江戸時代、五台将軍綱吉のころの人たちですが、このうちの江戸落語の祖とされる鹿野武左衛門は、伊豆大島に流刑されるという憂き目にあっています。その原因が、あるウソ話でした。

ときは元禄六年（一六九三年）。江戸の町にソロリソロリ（コレラ？）という疫病が大流行し、その予防に「南天の実と梅干しを煎じて飲むと効能がある」と、馬が人語で語ったという噂が立ちました。その結果、南天の実と梅干しが二十倍の高値となる大騒動が起きます。それを怪しんだ町奉行が捜査してみると、浪人者の筑紫園右衛門《つくしそのえもん》と八百屋の惣右衛門《そうえもん》という男が一儲けしようとした企みと判明。筑紫園右衛門は斬罪、惣右衛門は流刑となります。そのとき二人が、噂としてまき散らした馬の話は鹿野武左衛門の咄本『鹿《しか》の巻筆《まきふで》』にある「堺町馬の顔見世」という小話から思いついたと申し立てたため、それが原因で鹿野武左衛門も連座のとばっちりを受けて流刑になったのです。つまりは、ウソ話から生まれた、でっち上げの冤罪《えんざい》です。

鹿野武左衛門は、主に江戸の武家屋敷や金持ちの商人の家に呼ばれて座敷咄を演じていました。侍は儒教の教えに沿って真面目に生きるもの。笑うことは不真面目で不道徳だとされた時代社会で起きた事件でした。

柳田国男も「日本人がウソというものを憎み始めた最初は、律義と素朴とを最も重んじた武士の階級であった」と言っていますが、武士たる者が笑い話に興じているのを幕府はあまりよく思っていなかったのでしょう。幕府当局はここぞとばかり、でっち上げの冤罪をつくったに違いありません。この事件後、江戸町奉行は鹿野武左衛門の判例によって笑話禁止の方針を打ち出します。以後、江戸落語は長い冬の時代を迎えたといわれています。権力当局は本質的に笑いを嫌い、笑いを取り締まりの対象にもしたのです。しかし、いくら権力が笑いを統制しようとしても、民衆は社会の中でホラやウソを受け入れていました。

共同体社会で重要な意味をもっていたホラやウソが、一般の人々や社会全体のなかで極端に嫌われるようになったのはいつからなのでしょうか。

このことは、柳田国男が日本の笑いに危機感をもった背景にある「近代化」と関係しています。では、その日本の近代化はいつから始まったといえるのでしょうか。

日本の近代化は明治時代、首都東京から始まったと一般的には考えられるでしょう。

「明治のおもしろさは、首都の東京をもって欧米文明の配電盤にしたことである」(『三四郎の明治像』『以下、無用のことながら』)と小説家の司馬遼太郎氏は言います。

東京帝国大学で受容された近代的欧米文明が、農商務省、内務省、文部省という画一的な配線を通じて全国の産業機関や地方行政機関、学校などに配られたというわけです。

「近代化」とは、別の言葉で言えば「価値の一元化」のことです。「近代化」は、あらゆる面で、はみ出すものを排除し、統一的な規格品化を進めます。土地や風土、地域ごとに異なる特性や多様な価値も切り捨てて、合理化と効率化のための画一的なルールづくりを目指します。価値の一元化、効率化には、ウソや誤りや間違いは困るのです。そうして、「近代化」は笑いの素《もと》を消していきました。

そんななか、災害もまた「近代化」していきました。近代科学はウソやホラを一掃します。災害の原因は科学的に分析されて、地震を起こす「鯰《なまず》」や洪水を起こす「ヤロカ水」など、非科学的な原因によって災害が起こることなどあってはならないことになりました。科学とはある意味では価値の一元化の営みでもあります。

近代化以前の社会は、「ケ」(日常)が枯れた「ケガレ」を認識していた社会でした。そこでは、「ケガレ」てくる時期に、常に「ハレ」(祝祭)をつくる祭りがありました。正月、節分、ひな祭り、端午の節句、七夕、盆、春秋の彼岸、大晦日など、数々の年中行事は、災害さえも取り込んで、「ケガレ」を払い、「ハレ」をつくり出すものなのです。

かつて、ウソはいまよりもっと大らかなものでしたし、人々はそれを必要とし、当然のものとしていました。笑いは「ハレ」に起きるものなのですが、ウソは「ケガレ」にエネルギーを与え、一時的に「ハレ」をつくり出します。

先に悲劇と喜劇の対の芸能である能と狂言を紹介しましたが、その狂言のなかには、ウソをついて人をだまし、高額のお金をせしめようとする、「すっぱ」と呼ばれる詐欺師が数多く登場します。「うつけ者」（ぼんやり者）で無知な太郎冠者《たろうかじゃ》や田舎者が都会に出ては、その「すっぱ」に見事にだまされるのです。

たとえば、「末広がり」という演目があります。「末広がり」（扇）というものを見たことも聞いたこともない太郎冠者に、「先《ま》ず地紙能《じがみよ》う、骨にみがきをあて、かなめもとしつとしつとして、ざれ絵ざつとしたを求《もと》めて来い」と主人が言う。都に出ても、どこで売っていて、どのようなものか分からない太郎冠者は、「末広がり買う。末広がり買いもうす。末広がりは御ざらんか」と声を上げて歩くのですが、そこに「すっぱ」が現れる。田舎者の太郎冠者がものを知らないことをいいことに、古傘を「末広がり」だとだまして売りつける悪党です。喜んで帰って「末広がり」を見せる太郎冠者に激怒する主人。そこで、太郎冠者は「すっぱ」に教えてもらったご機嫌を直す囃子ものを舞う、という話です。「すっぱ」が、激怒するであろう主人のご機嫌を直す囃子を太郎冠者に前もって教えるという点が、単なる詐欺師とは違う優雅なところです。

「仏師」や「六地蔵」といった演目では、仏師を探す田舎者に、自分は仏師だとだます「すっぱ」が登場します。「すっぱ」やその仲間が仏像に化けてのどたばたの大騒動の話です。狂言の「すっぱ」は、自らもどたばたを演じ、笑わせる役割をもっています。

戦国の安土桃山時代の笑話を集大成した『醒睡笑』にも、無知の僧、うつけ（ぼんやり者）、吝太郎（けちんぼ）、賢だて（きいた風な者が耳学問を鼻にかけ、利口ぶって失敗する）、文字知り顔の不文字（知ったかぶり）、自堕落（物臭坊主の失敗）など、さまざまな説話が集められています。

『醒睡笑』巻之六には、「ウソつき」話があります。たとえば――、

神妙にもなき人、集り居ける中に、一人いふ、「そなたたちの中に、雷の鮓《すし》を食うた人があるか。」「いや、なし。」「さうあらう。稀な物ぢやほどに。」「して、そちは食うたか。」「なかなか、食うた。」「味は甘いか酸いか。」と問ふに、「ちと雲臭かつた。」と。

雷の寿司が雲臭いとは、ウソも浮世離れしていて、ほんわりとした可笑しさを誘います。先に触れたように、戦国時代の戦国大名たちは、「御伽衆《おとぎしゅう》」と呼ばれる噺家を抱えて話し相手をつとめさせていました。豊臣秀吉の御伽衆が曽呂利新左衛門《そろりしんざえもん》という人物です。話術に長じ、豊富な知識をもとに、軽口・頓知《とんち》・滑稽噺を語って秀吉に気に入られたといわれています。

柳田国男が『吉右会記事』で紹介するのは、次のような曽呂利新左衛門のウソ話です。

曽呂利は太閤秀吉の夜あるきを諷諫《ふうかん》すべく、化物《ばけもの》を丸呑みにして胸が悪いと言った話がある。昨夜大入道に出逢い、その形では退治ることもできぬので、色々と騙しおだてて変形させ、ついに梅干の姿となって手掌の上に転がってきたのを、こくりと一呑みにしたと話して太閤を笑わせた。

ほかにも有名な逸話がいくつか残っています。

秀吉は猿に似た自分の顔に劣等感をもっていましたが、新左衛門は、「いえ、猿のほうが殿様を畏敬して似せたのでございまする」と笑わせたといいます。

あるときは、秀吉が昼寝をしていると、「殿、大変でございます。きうりがきうりを食べております」と起こされ、そんなあほなと、行ってみると、木売りが胡瓜《きゅうり》を弁当のおかずに食べていたのです。

また、あるとき、秀吉がたいそう新左衛門をほめて、ほうびを与えることにしました。新左衛門は「大金などいりませぬので、お米を一粒くだされ」と言った。「ただし、今日は一粒ですが、明日はその二倍の二粒、あさってはさらにその二倍の四粒……と毎日二倍にして一カ月間続けていただきたい」というのだ。なんと欲のないことよと、秀吉は喜んでその申し出を受け入れることにした。ところが日を追うごとに秀吉が新左衛門にあげなければいけないお米はどんどん多くなっていく。十日目は五一二粒。十五日目は一六三八四粒。二十日目は五二四二八八粒。このままいくと約束の三十日目のお米は、五三六八六八八六四粒。五億粒を超えてしまう。一日目から三十日目まで合わせると、米俵で四百五十俵、石高で百八十石になってしまうのだ。ほんのちょっとしたほうびのつもりが、とんでもない量のお米になってしまうとは。それに気づいた秀吉は、新左衛門に謝って別のほうびに代えてもらったということです。

秀吉という天下人、時の絶対的権力者をからかうウソは痛快でもあります。

「とんち話」を楽しむ民衆

第三章で述べたように、江戸時代になると、吉四六《きっちょむ》や彦一など、ウソを繰り返す「とんち者」が日本各地に存在し、人々は共同体社会の笑いを楽しんでいました。

柳田国男が発起人となって、「吉右衛門会」という学会を創立していますが、吉右衛門は大分県にかつて存在したと信じられる昔話の中心人物です。かつて日本中のさまざまな土地に、吉右衛門、吉吾、吉次、吉六、吉内など、「吉」の名前をつけたとんち者がいました。

その総称が吉四六なのです。

吉四六の有名な「ねずみの名作」というウソ話があります。

いままで言えば村長にあたる庄屋が、「我が家には生きてるようなネズミの彫り物がある」と偉そうに自慢しました。吉四六は、もっと見事な彫り物が自分の家にもあると言い返します。庄屋はそれを聞いて、「その彫り物を持って来い。もしおれのより見事だったらこのネズミの彫り物をくれてやる」と怒ります。それから、その晩、吉四六は朝まで懸命にあるものを作っていました。翌日、吉四六が庄屋に見せたのは、馬の糞かと間違うようなひどい彫り物でした。「それがお前の言った見事な彫り物か」。庄屋は鼻で笑いました。しかし、吉四六はまったく慌てません。「どちらの彫り物がより素晴らしいか、猫に判断させましょう。猫が飛びついたほうが本物に見えるということですから」。そう言って吉四六は庄屋の家の猫を連れてきました。庄屋は当然自分が勝つに決まってると思いましたが、猫が飛びついたのは吉四六のネズミでした。それもそのはず、吉四六のネズミは、かつおぶしで作ってあったので、猫が飛びつくのは当たり前だったのです。こうして吉四六は、偉そうな庄屋の鼻をあかして、りっぱなネズミの彫り物を手に入れた、というわけです。

吉四六の「小便酒」という話は、逆にウソを逆手にとったものです。

むかし、関所は弱いものをいじめる関門とされ、関門のチェックで取り上げられるものの多かったといいます。酒を手にもって関所を通ろうとした吉四六でしたが、関所の役人は中身を検分すると言って、これを飲んでしまいます。これまでにも何度も酒を取り上げられ、業を煮やした吉四六は、酒徳利に自分の小便を入れ、またも関所へ向かいます。「この中身は小便でございます」。平然と言う吉四六の言葉を信用せず、役人はこれを口にします。そして、一言。「……この正直者め！」

この話は落語にもありますが、このような説話は、社会的エリート層である戦国大名のお抱え話から、民衆が話し手を抱える民衆話へ、そしてやがて大衆芸能の落語、漫才へと引き継がれていくのです。

このように、ホラやウソは、近代化以前の社会では、民衆話として非常に重要な役割を担ってきました。

いまであれば、子どもがウソをうけば、「ウソは泥棒の始まり」と非難され、もしも買ったものが間違いならば、間違いを笑って楽しむことなどなく、誰もがたちまち「何をやっているんだ！」と、モンスター・クレーマー（苦情お化け）に変身する。近代化の行き着いた現代は、ウソ、誤り、間違いがあってはならない社会なのです。

「郷土」の笑いはどこへ

近代化を象徴するもの、それは工場、学校、病院でしょう。いわば製品、教育、医療における画一化の生産所です。そこでは、誤り、間違い、ホラ、ウソ、おかしなことは徹底的に排除されます。笑いなどは邪魔者なのです。

「近代化」はかつて絶対的に正しいものと考えられていました。しかし、実際は利益を優先する工場では作れないものがあり、管理を優先する学校では学べない人がいて、薬漬けの病院では治らない人がいます。しかも、その数は年々増加しているのです。

柳田国男に向き合うことは「近代化」に向き合うことなのではないかと私は思います。柳田が描く世界は遺された風景ではない。近代化によって消えゆく風景なのです。それが地上から消え去るものとは思いもしない時代、消えゆくもの、変わりゆくものをとらえ、文章に留めたい、その強い思いが柳田にはありました。

近代化によって消え去ろうとしているもの、逆にいえば、近代化に抗しうるもの、「烏滸《おこ》の者」や共同体の笑いもそのひとつなのでしょう。「烏滸の者」は進んで周りの人々に笑いを提供し、見返りを求めない、共同体社会の存在なのです。

柳田の関心は、最終的には「先祖・家」「神・神道」「稲・農村」に集約されていきました。柳田は近代化に抗する共同体社会、農村を中心とした「郷土」をこの三点に見ていたのでしょう。

郷土の祭りや寄合《よりあい》には笑いや喜びが溢れている。柳田は近代化に抗する共同体の笑い、烏滸の者の復権も「郷土」の中から引き出しうると考えたのではなかったでしょうか。

自らの意図とは別に、「中央集権的な民俗学」を打ち立てたとされている柳田ですが、じつは近代化によって学問の場が大学に集約され、社会が学校化していくなかで、そこから離れた「郷土」という「点」をつなぐネットワークを構築しようとしていたように思えます。

柳田はもともと、学校制度の中で民俗学を設立したのではありませんでした。脱学校化的なネットワークのなかで、多くの「郷土」に生きる人々の参加協力を得て、新たな学問を構築していったのです。

柳田が雑誌『旅と伝説』で昔話の募集をし、宮本常一がそれに書き送ったとき、宮本と柳田との交流が始まりました。宮本は戦前から戦後の高度経済成長期まで日本各地を歩き続けた民俗学者です。宮本のように、日本各地の多くの人々が柳田の問いかけに応え、同じように学問に関わったのです。

宮本の『忘れられた日本人』という本には、「郷土」に生き、近代化に抗する人々が具体的に描かれています。それは、近代化とは別の道をゆく人々というほうが正確かもしれません。辺境の地で黙々と生きる「郷土」の人々です。宮本にとって、それは消えゆく風景であるよりも、遺された、忘れられた風景だったのです。遺された村落共同体の風景を大事にひとつひとつ拾い集めていく、それが宮本の仕事でした。

『忘れられた日本人』の「対馬にて」に描かれた寄合の様子は、「郷土」というものの本質を示す、大変興味深いものです。それは「共同体的民主主義」と呼ぶのがふさわしいように私は思います。

宮本は古い証文類をしばらく貸してほしいと区長にお願いに行きます。

「いままで貸し出したこともないし、村の大事な証拠書類だから皆でよく話し合おう」

区長は自分の一存ではいかぬと寄合が開かれます。一同で区長の話を聞くと、それぞれの地域組で話し合いを行い、結論を区長にもっていきます。その行き来が何度かあります。

宮本に貸してもいいものか。皆が納得いくまで話し合う。理屈を言うのではない。ひとつの事柄について自分の知っている限りの関係のある事例をあげていく。それが二日にわたり、夜もなく昼もなく、協議されるのです。協議といっても話はあっちに飛び、こっちに飛び、ほかの話題になり、のんびりとしたものです。ときには大笑いすることもあったでしょう。抽象的な議論でなく、常に具体的な経験に基づく対話が行われます。

最後には、老人が「どうであろう、せっかくだから貸してあげては」とはかり、ひとりが「あんたがそう言われるなら、もう誰も異存はなかろう」と答え、区長が「それでは私が責任を負いますから」と決まっていく。

長い時間をかけて結論が出ると、皆でその結論を尊重し、きちんと守る。現代人は非能率的な手続きを笑うかもしれませんが、そこにはなんと美しい民主主義があることでしょう。近代民主主義は個人の権利を土台としています。しかし、個人主義的な民主主義とは異なる、この寄合のような「郷土」の共同体的民主主義があったことも、知っておいてよいのではないでしょうか。

共同体的な制度のなかでは、人々は個々の体験からの意見を十分に述べて議論を尽くし、物事を決めていく。そこには真面目さとともに笑いが同居していました。そのような、郷土の共同体的民主主義から生まれる笑いというものがあったということです。そしてそれは、前章で見てきたような「土地の神」と交わす笑い、神事としての笑いとも深い関係があるのです。

福笑い――「家のなかの笑い」の誕生

　共同体の分化から都市化へ、そして近代化へ向かう流れは、儀礼としての笑いや共有物としての笑いを、芸能や職業としての笑いに変容させただけではなく、各家庭すなわち家のなかに様式化された笑いを誕生させる契機ともなりました。共同体での笑いが消え、家のなかの笑いや個人の笑いへと変容していくのです。

　たとえば、正月の風物詩のひとつ、「福笑い」などはその好例といえるでしょう。

　福笑いは、学問的には「謎の遊び」です。現代ではあまり遊ばれなくなったようですが、私の子どものころは誰もがするような遊びでした。手ぬぐいなどで目隠しした者が、「おかめ」と呼ばれるお福面の顔の輪郭を描いた紙に、眉、目、鼻、口を並べていく遊び。やるたびに違った目鼻立ちの滑稽な顔ができ、見ている者は囃《はや》し立て、大笑いする。競争もなく、正解もなく、へんな顔の失敗ほど喜ばれますから、子どもを中心に家族でほのぼのとした笑いが生まれます。

　「福笑い」は江戸時代後期に広まり、明治時代に定着したといわれますが、これほど日本全国で有名であるのに、なぜ、どのように始まったのか分からない。由来や起源の分からない遊びなのです。

柳田国男は、その著書『こども風土記』や『小さき者の声』で、子どもの遊びを調べていますが、そのなかにも「福笑い」の記載はまったく出てきません。

江戸末期に、喜田川守貞という人が作った類書（百科事典）『近世風俗志　守貞謾稿《もりさだまんこう》』は、三十五巻に及びます。千六百もの図と詳細な解説で、近世風俗史の基本文献とされているものです。その二十八巻目に「遊戯」があり、数々の子どもの遊びが図入りで紹介されていますが、「福笑い」は出てきません。二十六巻目の「春時」には、正月の行事風俗が紹介されていますが、ここにもありません。『近世風俗志　守貞謾稿』は、天保八年（一八三七年）から約三十年かけて描き上げられたと言われますから、江戸末期にも「福笑い」は存在しなかったことになってしまうのです。

もちろん、現代の百科事典などでも、福笑いの由来は不明とされています。日本全国に広まり、現代にまで続いた遊びの由来が不明だということ自体が謎です。

古代の出来事でもなく、江戸時代後期から明治時代に始まった遊戯が、全国に流行し、歴史にその経緯が残らないということがありうるのでしょうか。

その起源を調べているうちに、後述する江戸時代の浮世絵師、葛飾北斎の『北斎漫画』というイラスト集の十五編に、「福笑い」の原型と思われる中国の子どもの遊びが描かれているのを偶然見つけました。十五編は『北斎漫画』の最終編、完結編です。十四編、十五編は北斎の遺墨を集めたものとされていますが、十五編は、北斎没後、三十年近く経た明治十一年（一八七八年）の出版で、北斎の関与が実際にあったかは疑問視されています。北斎以外の筆になる図も含まれている可能性が高いとされ、その十五編も謎なのです。

この『北斎漫画』十五編の絵図には、目隠しした中国の子どもたちが、丸い顔の輪に、丸い輪の目、鼻、口を置いていています。日本の「福笑い」よりもずっと簡素なもののように見えます。この遊びが原型だとしたら、「福笑い」は、鎖国の江戸時代、中国から入ってきた目新しい文化が庶民に広まったものだったのでしょうか。もしそうだとしたら、それがどのようにして日本全国に広まったのでしょう。

「福笑い」は、笑いの民衆化を象徴する遊びです。元来は神との交歓の媒体であり、聖なるものであった笑いが世俗化し、民衆のものとなって各家庭にまで分散された姿をそこに見ることもできます。そしてそれは、古来、神の機嫌をとってきた「烏滸の者」が、人々から「ばか、あほう」と呼ばれていく転換期に現れた遊戯の笑いでもありました。共同体から「烏滸の者」が消える一方、各家庭で「家の神」を笑わせる遊戯が現れたのです。笑いの時代変容を考えるときには、この「転換期」ということと、その時代背景についても注目する必要があるでしょう。

これは、笑いとの関係についてあとで詳述することになりますが、日本の歴史はじつに災害の歴史です。なかでも江戸時代といえば、地震、暴風、豪雨、洪水、旱魃《かんばつ》、噴火などの自然災害のほか、大火や、麻疹、コレラなどの疫病流行が続く災害の時代でした。

「福笑い」が広まったとされる江戸時代後期にも江戸を直撃した安政大震災が起きています。安政大地震ののち、ナマズを描いた「鯰絵《なまずえ》」というものが民衆の間で大流行しますが、これは大地震が神無月（十月）に起きたため、人々は、神が不在のときにナマズが暴れて地震を起こしたと考えたからだといわれています。民衆は、地震を起こした破壊者であるナマズの絵（紙に取り込んで鎮まらせた絵）を買うことで、逆に救済を求めたというわけです。

神々が出雲大社に集まって神不在となる「神無月」。その間の留守神は「家の神」でした。柳田国男が「家の神の問題」を考察していますが、家の神は「オカミサマ」で、当然、女性の神です。女性の神は嫉妬深く、美人が嫌いで醜女が好きであるといいます。これは前述した「山の神」（女神）と、醜女である魚「オコゼ」との関係によく似ています。オコゼがその醜さで山の神を笑わせたように、「福笑い」も顔のバランスの崩れた醜女をつくって見せることで、女神である家の神を笑わせることができるのでしょう。そして、それこそがじつは、この遊戯に秘められた目的であり、意味であったということができるのかもしれません。

その「福笑い」の流行は、「鯰絵」の流行とほぼ同時代に起きたと考えられています。鯰絵とは違って、安政大震災と「福笑い」が直接結びつく確証はないのですが、大災害や社会不安のなかで、人々は守護と救いだけでなく、「ケガレ」を払う「笑い」もまた同時に求めたに違いありません。これが年を改める正月に、人々が幸運を願い、福を求めて「福笑い」で遊んだ背景にはあるのでしょう。共同体から各家庭へと分散されても、ここではまだ根底に同じものを含んだ笑いが引き継がれているといえそうです。

安政の大地震後、「鯰絵」のナマズが破壊者であると同時に救済者となったように、「福笑い」には、ばらばらに破壊された顔を、回復する、救済していく（それを願う）という隠された象徴的意味もあったように思います。これもまた、笑いが共同体から分散されても、「家のなか」で神意というものに回路を通じようとする笑いの本質を人々が引き継いできたものといえそうです。

さて、「福笑い」の流行の時代背景について、もう少しだけ話を続けてみましょう。この遊びの普及には、「おかめ」の顔の輪郭を描いた紙が大量に必要ですが、庶民が紙の絵を買うということでは、江戸のブロマイドといわれる「役者絵」、とくに上半身を拡大して描く「大首絵」の流行が関係しているようにも思われます。大量生産が普及の鍵だとすれば、錦絵（多色刷りの版画）の隆盛も一役買っていたに違いありません。着せ替え人形のように、かつらを切り取って役者の絵の上にのせる「かつら付《つけ》」と呼ばれる人気役者の「かつら替え人形」の流行も関係しているのかもしれません。

さらには、江戸後期から流行した錦絵の「有卦絵《うけえ》」も関係していそうです。陰陽道では、人生には七年間の幸運の「有卦」と五年間の「無卦」が交互にやってくるとされ、有卦に入る年になると「福」を取り込むように、頭文字に「福」がつく七つの物をそろえて祝う習慣がありました。このめでたい七つの物を描いた「有卦絵」をお祝いとして贈ることが流行しましたが、この絵には、顔（お福）、髪（房）、眉・目（筆）、鼻（「ふ」の字）、ひたい（分銅）、口（袋）、落款（瓢＝ふくべ）のめでたい七つの物が描かれており、この「お福の面」が福笑いの絵によく似ているのです。

「笑う門には福来る」といいます。共同体ではなく、家々の門ごとに訪れる福。その家々で笑う「ハレ」（祝祭）は、福を呼び込む祝祭です。「ケ」（日常）が枯れて「ケガレ」ていく、その一年間の「ケガレ」を払い、年を改めるのが正月です。その正月に家々で人々が遊んだ「福笑い」は、笑いの変容のひとつの姿を見せるだけでなく、多くのことを示唆しているように思えます。

笑いの都市化のなかで

村落共同体では、「ハレ」と「ケ」を明確に区別していたことを前章で述べました。やがて、近代化、都市化が進むにつれ、その区別が曖昧になってきます。都市は本質的に、常なる「ハレ」をつくり続ける場だからです。

柳田国男は、著書『明治大正史』の中で、「ハレ」と「ケ」が混乱してきたことを、「禁《きん》色《じき》」の習慣を例にとって指摘しています。

「禁色」とは、文字どおり色を禁じる、つまり色のタブーのことで、たとえば黄色を王の色としたり、紫を上級の役人の色と決めたりして、それ以外の常人が衣服などに用いることを法で禁じるのです。日本では律令時代以来のさまざまな定めがあり、そのなかで、白という色は本来、忌々しき色とされてきました。神祭りや喪の服以外には白色のものを身につけることはなかったのです。

その白の色が、台所で使う前掛けにも使われるようになり、タブーの制御が解除されたことについて、「一つには異なる外国の風習の、利あって害なきことを知ったからでもあるが、それよりも強い理由はケとハレとの混乱、すなわちまれに出現するところの興奮というものの意義を、だんだんに軽く見るようになったことである。実際現代人は少しずつ常に興奮している」と柳田は言うのです。

明治大正期に、近代化と都市化が進むなかで、「ハレ」と「ケ」が混乱し、常に少しずつ「ハレ」の状態が続くようになり、その区別も曖昧になってきたというわけです。

世界的に近代化と都市化は同時並行で進んできました。

都市はもともと「市」（バザール）から生まれました。「市」はもちろん「ハレ」の場です。継続的に「市」を開き、売買をする場である都市は、継続的に「ハレ」の場をつくり出しています。

中世の日本では、虹が立ったら、そこには必ず「市」を立てたといいます。虹の立つ場所は聖地であり、あの世からこの世にエネルギーが溢れ出る場であったからです。

ちなみに、「市」という言葉は、漢字語源辞典などで見ますと、「平」と「止」の意味をもつようです。つまり、公平な値段が定まる場所ということです。

古来、神仏に捧げられることで世俗から離れた「無縁」の物品が、集まって交換される場となったのが、市でした。つまりそこでは、個人の所有物がいったん個人の手を離れ、神仏の所有物になり、神仏の所有物となったものが人に贈られる。その対価が物であったり、貨幣であったりしたわけです。その対価が神仏の前で公平な値に定まったというわけです。

先に述べた、落語の元祖の「辻咄《つじばなし》」は、このような「市」の場である神社仏閣で行われ、神仏に捧げられた笑いでもありました。神仏に捧げられた笑いを人々は贈られ、対価を代銭として払ったのです。

ところで、話は少しずれますが、かつて聖地に立った市では、物売りは女性が主体であったといわれています。そのなかには零落した巫女、世俗化した巫女の子孫もいたかもしれません。いずれにしても、畑仕事は女性の家事の仕事でしたし、家内工業が生まれると、養蚕や機織りや土器作りもまた女性の仕事となり、市が立つと、そこで自分たちが作った糸や絹、綿、器などを売るようになりました。

ところが、売る前にモノを作るということには、どうしても作る人の思いや感情が入り込みます。売り物でなければ、無償の贈与と愛がモノに流れ込むといってもよいと思います。手作りのモノには作る人の人格が付与されるのです。

その無償の贈与と愛の代わりに、金銭的価値を付与されたものが近代の商品となっていくわけですが、しかし「商品」になったとはいっても、市の始まりのころの物売り（女性）たちが、自分の作ったものを単なる金銭的価値に換算したでしょうか。おそらくそうではないでしょう。売りたくない相手には、「お前さんなんぞには売らないよ」と平気で断り、売りたい相手にお金がなければ、それなりの値段で売ったり、あるいはただであげたこともあったでしょう。神仏の前での公平な値段といっても、それが定まるまで、モノを作って売る者たちは決して当初から誰に対しても一律に同じ値をつけて売ったのではなかったのだと思います。そのような女性たちは、かつての市の場の「烏滸の者」であったかもしれません。市に笑いを巻き起こしながら、売買をしていた姿が目に浮かんできます。

このような一時的な「ハレ」の場であり、まれな興奮を起こすものであった市が、恒常的に立つようになり、人が都市に集まってきます。「ハレ」の市が「ケ」の市に変わり、近代化、都市化がさらに、「ハレ」の売買を日常化していきます。同様に、共同体の「ハレ」の笑いは、都市では日常の笑いへと変化していくのです。

現代の都市には、寄席やライブなど笑いを日常的に提供する場が設けられています。テレビはその最たるものです。笑いの都市化ともいえる現象です。笑いが職業化し、日常のものとなれば、「ハレ」の場での特別な役割をもっていた烏滸の者は消えていきます。

日本社会は近代化、都市化とともに、共同体的な笑いと烏滸の者を失ってきました。都市化した笑いは、テレビの笑い番組に象徴されるような、個人の孤立した笑いです。そこでは笑いは商品で、消費するものでしかなくなっているのです。

先に述べたように、近代化とは価値の一元化のことです。はみ出しもの、異質なもの、異形のもの、異端のものを排除し、統一的な規格品化を進めます。価値の一元化、効率化のもとでは、ウソや誤り、間違いを引き起こす烏滸の者のような存在は、単に邪魔者とされていくのです。近代化、都市化は、烏滸の者を社会から排除していきます。では、社会から排除された烏滸の者はどこへ行ったのでしょうか。

第六章　グローバル化社会と烏滸の者

末裔としての狂言師や落語家

現代社会のグローバル化は、これまで述べてきたような都市化や近代化が地球規模で進んでいく現象です。グローバル化の流れは、古代の「音霊《おとだま》社会」以来、世界各地で変容と消滅を繰り返してきて、いまやわずかに残されるだけとなった伝統的な「笑い文化」を、ブルドーザーで踏み潰すように駆逐しようとしています。

そのような現状で、「烏滸《おこ》の者」がどこへ消え、どこでどう姿を変えて生きているのか、その行方を追う前に、これまで述べてきた「烏滸の者」の特質をここでもう一度、振り返ってみましょう。

「烏滸の者」は神に笑いを捧げる者ですが、これまで四つの特質をあげました。第一に、音を聞く者。第二に、非攻撃的、非好戦的、非暴力的で無防備。これは女性的な特質です。第三に、道化の力、犠牲と公共性。第四に取り違えの狂気、価値の逆転の力です。神に笑いを捧げる者は本質的にこのような特性をもっているのではないかと私は考えています。

こうして烏滸の者の特質を見ていくと、それが時代の権力者、とくに戦時中のファシズムをもたらした独裁的な支配者などとは対極にあるものではないかと感じますが、そのようなことも考えながら、グローバル化社会における現代の笑いを考えてみたいと思います。

グローバル化していく社会の中においても、これまで述べたように、狂言や落語という日本の古典的笑い芸能は、神社仏閣で神に笑いを捧げた時代の名残を秘めています。いまだに、笑いを増殖させ、神の笑いを引き出して安寧を得ようとする呪術的な笑いをどこか残しています。狂言も落語も本質的には笑いを神に捧げる芸能であり、私たちは神に捧げられた笑いを見聞きしているのです。その意味では狂言師も落語家も烏滸の者の末裔だと言ってよいかもしれません。

現代の狂言師や落語家のなかで、攻撃的で好戦的な人はあまり見たことがありません。どちらかというと、線の細い女性的な感じの人が多いという印象があります。現代になってようやく女性の狂言師と落語家が現れてきましたが、歴史的に女性が活躍することはありませんでした。しかし、狂言師も落語家も烏滸の者の末裔としての女性的な力を引き継いでいるのかもしれません。

私は長年、国際交流の仕事に携わってきましたが、若いころは外国人の若い研究者に日本を知ってもらいたいと、彼らと一緒に、狂言や寄席などの古典芸能鑑賞、相撲観戦、スキーや温泉によく行きました。国立能楽堂の狂言三本立ての「狂言の会」や浅草の寄席などは何度も行きました。日本語に不慣れな外国人でも狂言は笑って楽しんでもらいましたが、落語は言葉の世界ですから大変です。

そんなときに、桂枝雀師匠が英語落語を始めました。桂枝雀師匠は大変真面目で、完璧な芸を目指し、うつ病になってしまい、そのときに英語を始められたそうです。私は外国人に英語落語を見せたくて桂枝雀師匠のビデオテープを買いました。当時はまだビデオテープが初期の高額なときで一本で一万円近くしました。「鷺とり」と「動物園」の二題目が入っていて、初めて外国人に見せたときは笑ってくれるのかドキドキしたことを思い出します。幸いに、桂枝雀師匠の表情豊かなオーバーアクションに皆さんが笑って楽しんでくれてホッとしました。

「鷺とり」という噺《はなし》は、鷺という鳥に少しずつ近づいて、ぱっと捕まえるノウハウを面白おかしく伝えてくれる男の話です。その男が鷺をどんどん捕まえます。捕まった鷺たちはたまりませんから、皆で話し合って、羽ばたいて逃げようということになる。鷺たちが一斉に羽ばたいて、男は空高く舞い上がり、大阪四天王寺の五重塔の上に置き去りにされます。下には大勢の人が集まって、どうやって助けようか話し合います。そこで、四人の坊さんが布団の四隅をもって、「ここに飛び降りろ」と合図します。男がぱあっと飛び降りると、その勢いで四人の坊さんが頭をがちがちとぶつけて、男は助かり、四人の坊さんが死んだ。そういう話です。

桂枝雀師匠が「鷺とり」をアメリカで初めて演じたとき、このオチを、アメリカ人たちは、四人も死ぬなんて「オー、ノー」「オーマイゴッド」という反応だったそうです。アメリカ人は死に対して絶対笑わない、死を笑いで茶化すようなことはないのです。日本とは死に対する観念、意識、宗教観が違うのです。

桂枝雀師匠は、アメリカで不評だった「鷺とり」のオチを何とかしなければと懸命に考え、飛び降りた男がトランポリンのように、また元の場所（五重塔の上）に戻ってしまうというふうにしました。これはアメリカ人にもウケます。私たちが見たビデオのオチもこれでした。

私は英語落語に注目していたので、桂枝雀師匠が晩年、うつ病を再発して自殺を図り、そのまま五十九歳の若さで亡くなられたのには大変な衝撃を受けました。桂枝雀師匠もどことなく女性的な雰囲気がありましたが、烏滸の者のもつ力、つまり音を聞く力、非攻撃的な女性性、道化の力や取り違えの狂気をどこか心のなかに内包されていたのかもしれません。現代社会でそのような人が生き続けるのは大変なことであったのでしょう。

このように、日本ではもはや烏滸の者の「末裔たち」すら、本質的な部分では消えようとしています。烏滸の者は職業人ではありません。狂言師や落語家は本来、仕事としてお金を儲けるために笑いを提供する者ではない。仕事として笑いを提供する者ではないのです。

本質的に金儲けのビジネスになれない、あるいはなってはいけない人間の営みがあります。

学問、教育、医療などがそうでしょう。笑いもまたそのひとつだと私は思います。

山下清に見る烏滸の者ぶり

現代では、異質の烏滸《おこ》の者は社会から排除され、隔離されています。地域社会では特別な病院や施設へ、学校では特別学校や特別学級へ、そこでも排除されれば、家庭に閉じ籠もり、さらに家庭でも排除されれば、ホームレス、浮浪者へと社会から隔離され、孤立していきます。

社会の一元的秩序に対し、少しでも心身に狂いが生じれば、その社会で生きることは大変難しいことです。現代社会は、かつての共同体社会がもっていた、そのような人々と共存する知恵を失ってきたのかもしれません。

ノンフィクション作家の柳田邦男氏が重い知的障害をもつ子どもとその母親の話を『人の痛みを感じる国家』という本の中で紹介しています。

その母親は普通の子以上にその子を愛し慈しんで、知的発達の遅れに動揺せず、その子がのびやかに育つよう向き合ってきた方でした。

その子が小学校の特殊学級に通うようになったとき、障害児手当や障害児手帳を受けるための診断を受けました。その検査の中で、医者が「お父さんは男です。お母さんは？」と問う質問があったのです。誰もが「女です」と答えるし、母親も当然そう思った。ところがその子の答えは違ったのです。その子は迷うことなく、大きな声で答えました。

「お母さんは大好きです」

そのような、ある意味素晴らしい子どもが、現代社会で生きていくのは難しいのです。だからこそ、このような子どもたちは社会に対して、自然と「抵抗」する「おどけ」役を演じていくのかもしれません。

心身の「狂い」をもつ人々、精薄の人々にとっての社会とは、鉄の扉で仕切られ隔離される精神病院、地域から隔絶された施設、普通校から区別された特殊学級、特殊学校などに象徴されているのです。

「常ならぬ者」を排除し、隔離する近代社会で生きられない烏滸の者の末裔たちは、どこに行ったのでしょうか。

おそらく彼らは引き籠もってひっそりと人知れず生きているか、あるいは社会から逃亡しているのです。

日本のゴッホとも呼ばれた山下清は、放浪のちぎり絵画家として有名ですが、彼は逃亡する烏滸の者でした。兵役や精神病院から逃げます。それが身体や精神の暴力の場であることを本能的に感じていたからなのでしょう。山下清は、何よりも徴兵や暴力を嫌い、非攻撃的、非好戦的、非暴力的で無防備な女性的特性をもち、烏滸の者がもつ道化の力や取り違えの狂気をもっていたように思います。

彼の幼少期は災難が続きます。二歳のときに関東大震災で家が全焼。三歳のときに重い消化不良にかかり、三カ月間、高熱でうなされ歩けなくなり、それをきっかけに吃《ども》りとなり、知的障害に進行しました。近くの小学校に入学しますが、低能扱いを受け、劣等感から反抗的になっていきます。十歳のときに父が病死。十二歳のときの暴力沙汰をきっかけに、精薄の養護施設、八幡学園に収容されました。社会から隔離されたわけですが、ここで覚えた「ちぎり紙細工」で希有の才能を発揮していくのです。

僕は八幡学園に六年半も居るので学園があきて、ほかの仕事をやろうと思って、此処から逃げていこうと思って居るので、へたに逃げると学園の先生につかまってしまふので上手に逃げようと思っていました。(『山下清放浪日記』)

山下清は十八歳のとき、八幡学園から風呂敷包みひとつで逃亡するのです。それから三年間、千葉県各地を放浪し、魚屋、鍛冶屋、弁当屋、妾宅の女中代わりなどをして職を転々とします。

当時は、二十一歳になると兵役検査がありました。山下清が何よりも恐れていたのは徴兵でした。

「兵隊へ行って、さんざんになぐられて、戦地へ行ってこわい思いをしたり、敵のたまに当たって死ぬのが一番おっかないなと思っていました」と言います。

しかし精薄のため兵役免除となり、助かります。幸いにも軍隊からも排除されました。

次に恐れていたのは精神病院に入れられることでした。

二十八歳のとき、甲府で衆人の前で乞われるままに全裸になります。冗談でやったのですが、すぐに警官に捕まり、精神病者として、山梨脳病院に強制入院させられてしまうのです。

「精神病院へ連れて行くらしいと思って、精神病院というと気狂病院だな、気狂病院というと牢屋の中へ入ってしまうんだから、悪いふざけ方をしなければよかったな。まさか、手錠をかけられて連れてゆかれるとは思わなかった。あとで後悔しても間に合わない。手錠をかけられて連れて行かれるから、災難だと思いました」と日記に書いています。

山下清は、そこが牢屋だという精神病院の本質をよく突いています。まさに監禁生活です。彼は牢屋の住人たちの様子を日記に書いているのですが、苦しい監禁生活のなかでも彼らの話を楽しんでいた様子も見受けられます。

「病人の親が時々面会にくるので、病人の親が広島の話をするとその病人が、『広島というと、島ですか』といったから、広島は大きな町の名前だのに、病人が町の名前の事を島だと思って居るからおかしくなってしまうので、病人の話は漫才の様です」と言います。

しかし、さすがに監禁が四カ月となり、堪えがたくなって、ついに脱走します。風呂に入っていたとき、電話が鳴って見張りのおばさんが目を離したすきに、素裸のまま衣服を持って必死に逃げます。ふらふらになってぶっ倒れるまで、夢中になって駆け足で逃げました。

八幡学園に戻りますが、その後、また日本全国を放浪の旅に出ます。山下清は、病院、学校、社会という牢屋から逃亡し、放浪する烏滸の者なのです。

山下清の日本各地を訪問した日記が『日本ぶらりぶらり』という本になっています。たとえば、徳島で「山下清展」が開かれ、出かけたときのことを書いています。

「山下のおっさんですか」といわれて変な気がしました。すると、小学生が「おっさんは絵がうまいんですか」というので、自分のことはよくわからないので「よくわからないだ」というとみんな笑うので、こんどは小学生が「どうすると絵がうまくなるんですか」と聞くので、これはなかなかむつかしい問題なので「ちょっとむつかしいだな」というと小学生が笑うので、ぼくもちょっとおかしくなりました。

長崎の展覧会での話はこんなふうです。

長崎の岡政というデパートでぼくの絵の展覧会があった。食堂でめしをたべているとぼくの前にいる人が、「わしも山下清に毛のはえたような男です」とよその人に話していた。ぼくはびっくりしてぼくに毛がはえるというのは、どういうわけですか。どこに毛がはえるとあなたになるのですかときいたら、みんながどっと笑った。

山下清は、日本中を旅してしまったので、どうしても外国に行きたいとヨーロッパにも行っています。そのときの記録は『ヨーロッパぶらりぶらり』という本になっています。ヨーロッパに向かう飛行機の中で一波乱があります。トイレに行きたくなったときのことです。

がまんできなくなったので、はだしのまま大いそぎで便所のところまでいって、ひとの入っていないまん中の便所の戸をあけようとしたら、お客の世話をしている女のねえさんが二人ではしってきて、ぼくのからだをおさえて「ここは女の人だけがつかう便所ですから、入ることはできません」というので、いそいで飛行機の横腹の方についているとってをあけようとした。もうすっかりたれっこちなのになかなかあかないので、一生けんめいあけようとすると、ねえさんが大きな声で飛行機の世話をする男の人をよんで、こんどは男の人が二人やってきて、ぼくの腕をしっかりとつかまえて「これは非常口のドアです。ここをあけたら空中へほうりだされてしまいます」といわれたので、ぼくはびっくりして手をはなしたが、あまりたまげたので、便所へはいっても、あんなにたれっこちだった小便がすぐでてこなくてどうしたんだろうと思ったが、そのうちでてきたので、小便をすませてからすこしねた。

山下清の人生は各地で笑いを巻き起こし、たくさんのエピソードに包まれています。こうしてみると、山下清もどこか女性的な気がしますが、最後の烏滸の者と呼ぶにふさわしい人ではないでしょうか。

「常ならぬ者」を排除する時代

私の人生にも、何人か、烏滸《おこ》の者の末裔のような人たちがいました。

私が日本の伝統芸能、笑いの宝庫である狂言に出会ったのは、三十年ほど前のことです。そのきっかけをお話ししましょう。

大学時代、ちょうど国際障害者年でしたが、全盲の学生が後輩として入学しました。普通の大学に障害をもった学生が入学するのはまだ大変珍しい時代でした。全盲の人であれば盲学校へ行き、按摩や指圧の仕事など限られた道を進む。そんな時代です。そこに、大学にとって「常ならぬ者」が入ってきたのです。

彼は大学に風穴を開けました。私たちは目の見えない人たちの言語「点字」を習い、点字サークルができました。点字の作業が間に合わないので、リーディングサービスで教科書をテープに吹き込みました。

彼はとてもおかしな奴で、「あいつ、本当は見えてるんじゃないか」と言われるほどの行動力で、階段をひとつ飛びで駆け上がる。たまらなく痛いマッサージが得意で教えてくれる。ちょっとしたことをケケケと高らかに笑う。少し変わった彼と私たちは奇妙な友人になりました。彼は間違いなく私たちにとって、普通の価値を逆転させ人を笑わせる烏滸の者だったのです。

「障害」という豊かさに目を開きつつあったとき、聾唖者の狂言劇があると聞き、好奇心で観に行きました。「六地蔵」という題目のものでした。地蔵をつくる仏師を求め、都会に出てきた田舎者。彼をだまそうとする詐欺師と三人組。地蔵に化ける三人組があっちに行き、こっちに行き、存在しない六地蔵に扮するどたばた喜劇です。

もちろん、聾唖劇ですから、せりふはありません。すべてが身体で表現されます。私は腹の底から笑いました。世の中にこれほどおかしな演劇があるのか。それから聾唖狂言だけなく、伝統的な狂言に夢中になり、国立能楽堂にしばらく通い続けました。当時は若かったですから、能の悲劇性、幽玄は理解できない。狂言の乾いた笑いに夢中になったのです。

伝統芸能の世界には古いしきたりがあります。芸を家伝として継承する家元制度もあります。そのような狂言の世界に、「常ならぬ」素人の手話狂言の劇団が現れたのです。いまでも公演が続いています。もちろん、伝統的な家元に入り込んでいくわけではなく、独立した活動です。伝統的流派の家元からすると邪道でしょうから、「常ならぬ者」は排除し、どうぞ勝手におやりくださいということなのでしょう。もしも狂言の伝統的流派と手話狂言劇団が共存して舞台に上がったら、どんなに素晴らしいだろうと思うことがあります。

しかし、先に近代化社会を見てきたように、「近代化」は価値の一元化を進めてきました。はみ出し者、「常ならぬ者」を徹底して排除するのです。はみ出し者、「常ならぬ者」は一元的価値のもとでは、非効率的な存在だからです。いわば、邪魔者にされてしまうのです。価値の一元化、効率化には、ウソ、誤りや間違いが困るように、心身の障害がある人、精薄の人など、「常ならぬ者」は邪魔なのです。現代社会は「常ならぬ者」を排除し、隔離する社会になってしまっています。

このような社会では、「常ならぬ者」、烏滸の者が生きるのは困難なことなのです。

グローバル化社会と烏滸の原理

現代はグローバル化社会だといわれています。何がいったいグローバル化しているのかを考えてみると、グローバル化とは、先に述べた「近代化」をさらに進めるもの、つまり世界レベルでの価値観の一元化を推し進めるものだということができます。端的にその本質を問えば、お金を儲けること、お金を儲けるために競争すること、そのために役に立つことを求めることが絶対の価値をもつようになっているのです。

別の言葉でいえば、現代のグローバル化の一元的価値は、経済という分野での「有用性」という「虚偽的な価値」なのです。

グローバル化社会とはよく考えれば、一元的価値に支配された現代版の「狂気の社会」です。そこでは個の存在意義、ひとりひとりの生の使命と目的が見えなくなっています。生きることや、生そのもの、その根本的価値が取り違えられている世界。取り違えられた虚偽の一元的価値が押しつけられ、それが真実だと思い込まされている世界では、虚偽の正当性が主張され、それ以外の真実につながる多様な価値が認められることがありません。

ドイツの思想家マックス・ウェーバーやフランスの思想家ジョルジュ・バタイユが探求したように、「有用性」に価値を与えた最初の人間は、禁欲主義の勤勉な実業家たちでした。以来、資本主義の発展のなかで、「有用性」、つまり「役に立つこと」が道徳的な価値の基礎にもなり、それが唯一の真実になっていきます。

現代社会ではお金が「有用性」の主役です。キリスト教社会もかつては利子（利潤）を禁止していましたが、現在でもイスラム教社会は利子（利潤）を否定しています。貨幣が貨幣を生むことを禁止しているのです。

現代日本の代表的思想家、中沢新一氏は、二〇〇一年にアメリカで起きた九・一一（同時多発テロ事件）後の「圧倒的非対称」の世界に異議申し立てをし、イスラムに対する偏見や無知を憤り、『緑の資本論』という本を書きました。中沢氏は次のように言います。


イスラームとは、その存在自体が、一つの「経済学批判」なのだ。原理としてのイスラームは、巨大な一冊の生きた「緑の資本論」である。資本主義にとっての「他者」は、この地球上にたしかに実在する。イスラームはわれわれの世界にとって、なくてはならない鏡なのだ。

増殖のお祝いを最大の祭り「クリスマス」として祝うキリスト教に対し、断食の儀式を最大の祭り「ラマダン」として祝うイスラム教。イスラム世界はアンチ資本主義世界としてグローバリズムに立ちはだかるトリックスターだということもできるのです。

生きるうえで何が重要なのかではなく、有用性の有無だけが追求される社会。そこには、多様な価値を多様なままに受け入れる潜在的な可能性が失われています。

「烏滸《おこ》の者」が社会から消えていくように、「有用性」の原理のもとに、役に立たない者や他の価値観をもつ者は排除され、狂気が生み出されていく。異なる価値の宗教や異端の宗教をもつ者、身体の不自由な者、知恵遅れ、精神異常者、狂人、怠け者やのろまな者、乞食、放蕩者、未開人、反逆的な子ども、困窮した老人など、異形の者、異質の者、異端の者が有用性の原理のもとで社会から弾き出され、あるいは物理的、精神的な監獄の中に閉じ込められていくのです。

各時代、各社会はそれぞれ、固有の人間のとらえ方をもち、多様な存在を受け入れてきました。ここで述べた「有用性」の原理が生まれるまでは、「烏滸の者」は土地の神とともに生き、多様な社会を創造していたのです。そのことに、どうしても思いを馳せてしまいます。

ところで、最近、方言で話す漫才を見ました。

方言に味があり、話題もローカルでおかしくて笑いましたが、それだけでなく、日本にはまだ方言という、土地の言霊《ことだま》の力が生きているような気がして嬉しく思ったのです。世界をひとつの価値で埋め尽くそうとするグローバリズム、世界を機能的覇権言語で覆う英語。この力に抗するのは、このような島嶼の存在としての方言のパワーかもしれないと、強く思った体験でした。

そして方言といえば、ある新聞の対談記事で、水俣病を描いた『苦海浄土』の著者、石牟礼道子氏が次のように語っていました。


私の触れた限り、人様を思いやる倫理の高さというか深さは、純然たる方言の世界にありましたから。自分の思いを標準語に置き換えて出すと、もともと持っていた情感みたいなものが抜け落ちてしまう。心を表現するのに、ことばはとても大切です。だから方言を大切にしたい。

方言でしか成り立たない現実、多様で深い世界があるというのです。

一元的価値をはねのける、ローカルで多様性をもったパワー。その源泉である方言と同じところに、土地の神に笑いを捧げる烏滸の者の本質もあるのではないかと思えます。

だとすれば、世界にはまだこのようなローカルで多様性をもった場所があり、「常ならぬ」烏滸の者が生き続ける場所が、あるような気がしてきます。少し世界に目を向けてみましょう。

アフリカ的烏滸の価値観

アフリカには、いまも驚くほど「多様な」世界が混在しています。二〇一二年に亡くなった思想家の吉本隆明氏は、『アフリカ的段階について』という本のなかで、アフリカを「人類史のいちばん多様な可能性をもつ母型」だといっています。

アフリカには砂漠、旱魃や飢餓、内戦、難民、貧困に苦しむ地域もありますが、大都市、大都会もあり、緑豊かな森、野生動物の楽園もあります。そのなかには、前述したように無文字文化を長く保って「近代化」をしなかった世界もありますし、いまでも個人所有や合理化、効率化とは異なる共同体的な価値観で暮らしている人々が存在します。そこには市場などの日常の場で高らかな笑い声を響かせる烏滸《おこ》の者の末裔のような女性たちがいるのです。

アフリカには近代的な一元的価値をはねのける何かがあるような気がします。

私のアフリカとの出会いは、アメリカの大学で学んでいたときのこと。大学所有のアパートで、中央アフリカ共和国の学生と同室になりました。ルームメートとして約半年間、同じ部屋をシェアしたのです。

彼と一緒に暮らし始めてとまどったのは、所有観念の違いでした。

私は英語の勉強のために、当時かなり高額だったウォークマンを日本で買ってもっていきました。ところが、私が使っていない時間を見つけると、彼はいつの間にか勝手に使ってしまうのです。

私の親が三十個ほどのお餅を日本から送ってくれたときのこと。そのひとつを磯辺餅にしてご馳走しました。彼はそのおいしさに感動し、次の日にはアフリカの友人を「お餅パーティ」に招待し、すべてのお餅をご馳走してしまったのです。もちろん、私のお餅は残っていませんでした。

そして彼はお金を百ドルほど貸してほしいと言ってきました。聞けば、デパートに色々なものがあって嬉しくて、両親や兄弟やガールフレンドにプレゼントを買って、もらった奨学金を全部使ってしまったというのです。しかも、ガールフレンドの裸の写真の入ったアルバムを見せながら、嬉しそうに彼女たちのことを話してくれるのでした。私はあきれてしまったのですが、彼を信じ百ドルを貸すことにしました。幸い、それは翌月の奨学金で返ってきてホッとしました。

やがて、私が一足先に帰国するときのこと。彼はビジネスの修士コース（ＭＢＡ）でさらに二年間をアメリカで過ごすことになっていました。

「カズノリの好きだったラジオだ。日本に着いたら箱を開けてくれ」

別れのときに、彼がラジオの箱を手渡しました。たしかによくラジオを聞いていましたが、「なんで？」と思いながら、彼の言葉に従って帰国してからその箱を開けてみたのです。その中身は、彼が母国から大事にもってきた黒檀の木のマリア様でした。背中にはバナナの背負い籠を背負い、乳房もお尻も飛び出た裸のマリア像は、どこに置いてよいか困るものでしたが、彼は敬虔な自分の土地の神の「クリスチャン」で、その像を机に置いて、毎日祈っていたのです。

彼はいつも懐かしそうに自分の村の写真を見ていました。夏になると、ワシントンの激しい夕立と雷に、「ピグミーは祟りをおこす」とつぶやきながら、自分の土地のピグミー族の神や祟りを思い出して震えていました。遠い異国に来ても自分の土地の神を忘れることはなかったのです。

彼にとって母国からわざわざ持ってくるほど大切にしていたものを、そして、残りの二年間のアメリカ生活の心の支えにもなるものを、私への友情のしるしとしてくれたのです。私は彼の友情の示し方に驚くと同時に、つくづく所有観念が違うのだと思いました。自分がもっていなければ、他の者からもらうか借りればよい、あるものは皆でシェアし、大事なものも気前よく与える。それが彼らの所有観念であり、価値観でもあったのです。

一緒に生活して、最初とまどいを感じた私も、だんだんとそんな彼らの生き方がとても豊かなのではないかと思うようになっていったのです。これが私のアフリカとの最初の出会いです。

アフリカには多くのODAやNGOなどの支援が入っています。私もNGOの活動を通じて、二十年ほど前の夏、新婚旅行を兼ねてケニア、タンザニアへ行きました。ボランティアの活動とタンザニアの国際マラソンにも参加するという過激なハネムーン旅行です。

タンザニアの国際マラソンでは、最鈍足ランナーの私たち夫婦の横を、現地で世話をしてくれたケニア人のTさんが伴走し、三人を囲むように子どもたちがいつも集まって一緒に走ってくれました。私たちのまねをするようにくっついて走ってくるのです。目をきらきらさせながら、ニカニカッと笑う裸足の子どもたちです。

ボランティア活動では、タンザニアのキリマンジャロ山のふもとにあるアリューシャという町から、その土地の先住民のマサイ族の人々が住む村へ行きました。昼間、マサイ族の村の診療所の建設作業を手伝い、歓迎の盛大な儀式で迎えられた晩のことです。

火を囲んで私たちはマサイ族の子どもたちと対面していました。言葉はもちろんまったく分かりません。そのとき、歌好きのメンバーが日本の歌を歌い始めました。「森の熊さん」という曲です。大きな拍手と笑いが起こりました。

それを機に日本・マサイの歌合戦が始まりました。私たちのまねをするように、次はマサイ族の子どもたちが歌い始めました。ンバ、ンバ、ンバという呼吸のような、あるいは心臓の鼓動のようなかけ声に、アリュエーという歌声が交ざる。それから何曲も何曲も交互に歌い、そして笑いました。

マサイ族の子どもたちの歌はどれも同じようにしか聞こえず、歌というより叫び声のようです。でも、どの歌もそれまで聞いたどんな世界中の歌よりも力強く、魂の奥底を揺さぶるものでした。それはその土地の神に捧げるような歌だったからでしょう。

近代化し一元的価値を押し付けようとするグローバル化社会、その絶対的な格差社会にあって、マサイの子どもたちはその世界に「忍従」する「もどき」（ものまね）を見せてくれていたような気がします。

烏滸の聖人フランチェスコ

グローバル企業を代表するマクドナルドに対抗して、スローフード運動が起きたのはイタリアです。

世界のジョーク集では、イタリア人はしばしばオフィスで寝ていて、その幸福は女性にもてること、愛人とパスタを食べながらサッカーを見ることとされているようです。世界ではそのようなイメージでとらえられているイタリアですが、グローバル化に対しては、それに抗する地域的多様性を持っています。

ユーモア小説を数多く遺した井上ひさし氏の『ボローニャ紀行』などを読むと、イタリアの小都市ボローニャの生き生きとした独自の文化的精神を感じますが、このボローニャも、グローバル化が進むなかでそれに抗するように地域の特性を活かし、都市再生をしているのです。そこには多様性を活かす烏滸《おこ》の者的な精神が息づいています。

ところで、この国は戦時中にファシズムという言葉のもとになったファシスト党、独裁的支配者ムッソリーニという政治家を生んでいます。独裁的支配者は烏滸の者の対極にある存在ですので、なぜ多様性の国から独裁者が生まれたのか考える必要があります。

この国の多様性を考えるとき、外せないのが、イタリアで生まれたキリスト教の世界的な聖人、聖フランチェスコです。しかし、聖フランチェスコは初めから聖人だったのではありません。若いときはまさに抵抗する「おどけ」の烏滸《おこ》の者のような青年でした。聖フランチェスコは、ラテン語で独占支配されたキリスト教世界を自分たちの言語（日常語）、いわば方言で取り戻そうとするのです。

私はこの聖フランチェスコに惹かれてイタリアに行こうと思いました。行ってみると、イタリアは予想外のことが平気で起こる国でした。まずヨーロッパを旅して、南フランスの画家セザンヌが住んだエクス・アン・プロバンスという町から、イタリアの運河都市ベネチアに入り、ここから、アッシジという町に出て、さらに南イタリアへも回ろうと思っていました。ところが、突然のストで鉄道が動かなくなったのです。足留めです。時間が限られていて、アッシジ行きを断念しました。

私が見たかったのは、十三世紀のイタリアの画家、ジオット・ディ・ボンドーネが描いた聖フランチェスコの絵「小鳥への説法」で、その絵はアッシジにあります。サン・フランチェスコ大聖堂のフレスコ画（壁画の一種）ですが、絵には小鳥に語りかける聖フランチェスコと、その背後に深い峡谷と山が描かれています。私はその山も実際に見たかったので、行けなかったのは本当に残念でした。

「小鳥への説法」はキリスト教の聖者、聖フランチェスコの有名なエピソードのひとつです。ベヴァーニアという町の途中に鳥がたくさん集まる場所がありました。彼が鳥たちに語りかけると、その説法が終わり、祝福が与えられるまで、一羽も飛び去ることがなかったといいます。画家ジオットはそんな聖フランチェスコの教えに傾倒したのです。

聖フランチェスコがイエス・キリストに焦がれたように、ジオットは聖フランチェスコを深く敬愛しました。だから、その生涯をフラスコ画の連作で遺そうとしたわけですが、では、その聖フランチェスコとは具体的にどのような人物だったのでしょうか。

ときは十三世紀。中世の金持ち商人の放蕩息子。それが聖フランチェスコの姿です。アッシジで一番の道楽者と呼ばれた若者だったのです。

戦争で傷つき、病気になって、社会からはドロップアウト。乞食集団のコミューンをつくり、大人への反抗や社会への抗議を繰り返す一方で、鳥の声に耳を傾け、エコロジカルな文化革命を目指し、美しい乙女クララに淡い恋心を抱く姿もそこに加わります。聖フランチェスコは、社会からはみ出したアウトサイダーであり、抵抗する「おどけ者」、そして、社会の笑われ者だったといってもいいでしょう。その姿はイエス・キリストが当時の社会でアウトサイダーだったのとイメージが重なります。

聖フランチェスコが目指したのは、まさに文化の革命でした。硬直化し、一元化された精神世界を解放し、キリストの精神に立ち返ること、それが彼の生涯で求めたものです。聖フランチェスコの信じたのは、キリスト教ではなく、イエス・キリストというひとりの美しい人間でした。

その美しい人間が生まれ、生きることができるのはどんなところか。彼は人々の生活する土地では、その土地で信じられる神こそが人々の精神を支え、美しく生きさせることを知っていたのです。

ローマ教皇を頂点とする教会社会では、キリストの教えは聖職者を通じてしか一般庶民には届きません。当時の聖書はラテン語で書かれています。聖職者の知識、学問はラテン語によって独占されていました。一般庶民は聖書に本当は何が書かれているのか、その意味を知りません。教会ではただ、暗号のように、呪文のように、ラテン語の言葉を繰り返すばかり。聖フランチェスコが現れたのは、そんな時代でした。

聖フランチェスコは額に汗して働く庶民に、キリストの本当の遺産を伝えたいと思いました。彼がしたのは、聖書の内容をラテン語でなく、現地語、つまり日常のイタリア語で伝えること。形に意味を与えること、一般庶民の生きる言葉で翻訳することでした。

彼の父はフランス（プロヴァンス）とフランス人（プロヴァンス人）の妻を愛していました。彼の幼名、「フランチェスコ」（フランス人）はそこからきているのです。聖フランチェスコにとって、フランス（プロヴァンス）語は母国語、胸が迫ったとき自然にほとばしる言葉です。だから、魂の母語の大切さを彼はよく知っていたのです。

どんなに言葉が効率化されても、人間には魂の母語が必要です。魂の母語は土地のスピリットを体現します。効率化された言語だけでは人は生きていけません。

現代のグローバル化する英語という言語は、かつて中世社会で知的支配階級が独占したラテン語に似ています。それは心を表現できない。機能言語としての英語には魂がないのです。人が魂の母語を失うということは、命のほとばしる言葉、心の表現、自己表現の言葉を喪失すること、つまりは「自由・平和・平等」の精神の土台を失うことに違いありません。

聖フランチェスコはアウトサイダー的な烏滸の者でした。神の声を聞き、非攻撃的、非好戦的で、道化の力や価値を逆転させる狂気的な力をもっていました。そして、母語の力をイタリアにもたらしたのです。その伝統の力が、いまもイタリアには息づいているのではないでしょうか。スローフード運動がイタリアから生まれ、そこからさらに「スローライフ」という考え方が生まれて世界に広まった背景には、こうした伝統の力が与《あずか》っているように私には思えます。

ドイツの烏滸のいたずら者

ドイツという国は州制で、州ごとにじつに多様な世界、多様な文化をもっています。決してグローバルな一元的な価値がはびこるような国とも思えません。むしろ烏滸《おこ》の者の末裔がいくらでも潜んでいそうな国に思えます。

世界のジョーク集では、ドイツ人は生真面目な国民性が笑いの対象となっています。たとえば、大型客船が沈没して男二人と女一人が無人島に流れ着いたとしたら何が起きるか。そんな状況では、イタリア人は当然ながら男二人が女をめぐって争い続ける。日本人は男二人が女をどう扱ったらよいか東京の本社に携帯電話で聞く。ドイツ人はどうかというと、女は男の一人と結婚し、もう一人の男が戸籍係を務める――という話のオチになるようです。

私も二年間ドイツで過ごしたことがありますが、たしかにドイツ人は真面目で、大笑いするような場面にはなかなか出会ったことがありません。しかし、だからドイツには笑いが少ないのかというと、そんなことはなく、前述のように多様な文化のなかに多様な笑いがあり、それをもたらす烏滸の者の精神も息づいているはずなのです。

その具体例を示す前に、近代史のなかではドイツもまた、ヒットラーという独裁的支配者を生んでいる事実に触れておかなければなりません。

これまで述べてきた「烏滸の者」の特性とはおよそ対極にある独裁者。まるで烏滸の者を引っくり返したかのように、音を聞くよりも攻撃的な言葉を話し、好戦的で暴力的で残虐だったヒットラー。自己を犠牲にするのではなく、ユダヤ人などの他者を犠牲にし、「この世」の原理である合理性を異様な形で最優先した人物や政党が、なぜ多様で奥深い文化的世界をもつはずのドイツに生まれたのか。そのことは、イタリアや日本がなぜ「もう戦争しかない」と思いつめ、戦争を進めていったのかという疑問と同様に、しっかりと考える必要があるでしょう。

さて、これは私がドイツのボンに住んでいたときのことですが、思い立って家族で北の町に旅をしたことがありました。ボンには大きなライン河が流れて「水の風景」は身近にあるのですが、家族一同、大河ではもの足らず、海に近い港町に行きたくなったのです。目的地は近代的な国際港ハンブルクと、バルト海の女王と呼ばれた古都リューベック。でも、じつは私が密かに行きたかったのは、リューベックに近いメルンという町でした。

メルンはドイツの伝説的ないたずら者、ティル・オイレンシュピーゲルゆかりの町なのです。先に世界のジョークでご紹介したように、実際にドイツ人は大変真面目な国民性をもっています。そんな生真面目なドイツ人が生んだ、いたずらな烏滸の者の末裔を私はもっと知りたかったのです。

ティル・オイレンシュピーゲルは、西洋史の大家、阿部謹也氏が訳した五百年以上も昔の本、『ティル・オイレンシュピーゲルの愉快ないたずら』の主人公です。

ティル・オイレンシュピーゲルは生粋のいたずら者で、抵抗する「おどけ者」ともいえる存在です。彼は至るところで糞をたれます。日本神話のトリックスター、スサノオ（須佐之男命）がアマテラス（天照大御神）の食事をする御殿に糞をたれたのと共通しています。

ティル・オイレンシュピーゲルは、自分の糞玉を予言の木の実だと言って儲けたり、凍った糞尿を獣脂だと言って売りつけたり、公共浴場で糞をたれて浄めの館だと言ったり、糞をたれて臭気を宴会の席に送り込んだり、食卓、ベッド、薬屋の薬箱、すももの荷車や毛皮職人の仕事場、至るところに糞をたれるのです。そして、あこぎに儲ける者をぎゃふんといわせたり、お金をせしめたり、食べ物にありついたりするわけです。

「烏滸」の語の由来は明らかではありませんが、「糞」を意味するという説もあるようです。糞は、生命を食べたあとに出される死のかすだともいえます。生と死を結ぶもの、あるいはこの世とあの世を結ぶ媒介でもあります。しかし、この世の「有用性」という一元的価値からみれば、不用なもの、汚れたものとされます。

ところで、先に、狂気は一元的価値に支配された取り違えだと言いました。

「ケ」（日常）は、放っておけば、そのような狂気に満ちあふれてしまいます。そこで、一元的価値を破壊し、本来の二元的ないし多元的な世界を回復させるのが、あの世とこの世をつなぐ笑いの力です。ドイツの烏滸の者の末裔、ティル・オイレンシュピーゲルは、「糞」という媒介物を使って、一元的価値を破壊するのです。

このような笑いを創り出す者は、狂気的な悲劇と狂気的な喜劇の両方を演じる特別な存在です。共同体社会にはそのような「常ならぬ者」の存在が必要でした。詳細は省略しますが、ティル・オイレンシュピーゲルもまた狂気的な喜劇を演じつつ、同時に狂気的な悲劇をも演じています。

ただ、ドイツのティル・オイレンシュピーゲルは、ヨーロッパのほかの「道化」と比べると、ずいぶん様子が違います。ヨーロッパの道化は多くの場合、前述（九〇ページ）したように宮廷の道化師として王の権力下に置かれ、スケープゴート（いけにえ）の運命を内包していましたが、ティル・オイレンシュピーゲルの場合はあくまでも「抵抗」する「おどけ者」、アウトサイダーなのです。

烏滸の者の第三の特質としてあげた「道化の力」は、同じヨーロッパでも、同じように悲劇と喜劇の両義性を有しながらも、決して一枚岩ではないのです。ヨーロッパのなかでのドイツという国を見ていると、先進的工業化を進めつつ、一方で反原発やエコロジカルな環境政策を進めるあたり、どこか独特な両義性をもつ「道化の力」と、それをもつことの強みとを感じます。

そして、そこからさらに、ヨーロッパ的なものから独立しようとしたアメリカに目を転じると、「道化の力」はまた違ってきます。では次に、そのアメリカの「烏滸の者の末裔たち」を見ていきましょう。

アメリカと「沈黙の真剣さ」

アメリカは、いまや世界中に一元的価値を押しつけるグローバル化社会の中心国です。しかし本来はドイツと同じように、州ごとの多様性を維持してきた国でした。世界から移民が集まり、多様な人々と文化が共存して「メルティングポット」(ごった煮の器)とも呼ばれた国だったのに、その多様性は薄められ、とくに二〇〇一年の九・一一(同時多発テロ事件)以降は、急速にその傾向を強めています。

九・一一事件が起きたのも、その遠因には経済のグローバル化と相まって、アメリカが近年、自らの一元的な価値観を世界中の他文化領域にまで押しつけようとしてきた姿勢の問題があると言われていますが、では、そのようなアメリカ人の姿勢は、何によって支えられているのでしょうか。

ここでもまた世界のジョークで恐縮ですが、ジョークの世界でのアメリカ人といえば、「正義と英雄的行為を愛する人々」というイメージで固まっています。たとえば有名な冗談話で、豪華客船が沈没し、船長が乗客に海に飛び込むよう指示する際にどう言えばよいか、というと――。ドイツ人には「飛び込むのがこの船の規則です」、イタリア人には「飛び込むと女性にもてますよ」、イギリス人には「飛び込めばあなたは紳士です」、そして日本人には「皆さん飛び込んでますよ」となりますが、アメリカ人には「飛び込めば、あなたは英雄ですよ」と言えばよい、という具合です。

もうひとつのジョークでは、同国人の二人が集まると何が生まれるか、という問いの答えが、ドイツ人が二人集まると、三つの規則と四つの法律が生まれる。日本人が二人集まると、三つの銀行と四つの会社が生まれる。アメリカ人が二人集まると三つのいさかいと四つの正義が生まれる――となるのだそうです。

正義は一元的価値からなり、正義を実行するのが英雄的行為ですから、なるほどアメリカの正義は現代のグローバル化社会で全盛となり、他の価値観との間でいさかいの種も生じるわけです。

ところで、そんなアメリカ人たちにとっての「笑い」ですが、どうも日本人とは「笑いのツボ」が違うようです。

もう二十五年近くも前になりますが、アメリカに住んでいたとき、映画館で『タンポポ』という日本映画を見たことがありました。伊丹十三監督の作品で、主人公たちが売れないラーメン屋を立て直すという内容の映画です。この映画をアメリカ人たちと一緒に見ていて、彼らが最高に笑ったシーンはどこだったかといえば、若かった私が気恥ずかしくて目を伏せてしまうような、生卵を口に含んで行き来させるラブシーンでした。

沈黙のうちの真剣なシーンに、アメリカ人の笑いが爆発したのです。アメリカ人は性描写を笑いにしますが、日本人にはそれができません。先に桂枝雀師匠の英語落語に関して述べたように、逆に、日本人は死を笑いにできますが、アメリカ人は死を笑いにできません。文化的背景が「笑いのツボ」に違いをつくるのでしょう。

『タンポポ』のシーンには笑えなかった私ですが、映画が描く「沈黙の真剣さ」に、アメリカ人同様、笑いを爆発させられた体験はもちろんあります。

やはり在米当時のことでしたが、アメリカのサイレントムービー（無声映画）を初めて見たとき、そのどたばた喜劇の面白さには圧倒されてしまいました。それは、はちゃめちゃなマルクス兄弟であったり、抜群の運動能力で無表情のバスター・キートンの映画でした。

なかでも、キートンは映画のなかでいつも何かから逃走し、疾走します。おそらく彼は、この近代化、都市化する社会から逃走していたのです。キートンは前述した山下清のように、逃走する烏滸《おこ》の者の末裔でした。そしてキートンが活躍していたころは、まだアメリカには古き良き伝統と多様性が脈打っていたように思います。

さらに、イギリス生まれですが、アメリカのハリウッドで映画を制作し続けた喜劇俳優、映画監督のチャールズ・チャップリンのことも忘れられません。彼もまた永遠の放浪者で、烏滸の者の末裔といえるでしょう。チャップリンは独裁者ヒットラーを批判するためにラストの名演説を行う『独裁者』を作るまで、サイレントムービーを制作し続けました。

ところで、サイレントムービーでキートンやチャップリンが示した、笑いを引き起こす「沈黙の真剣さ」は、その原型がアメリカの先住民、ネイティブ・アメリカン（インディアン）の文化にあるように思えます。キートンやチャップリンが意識していたかどうかはともかく、彼らが描いた作品世界には、先住民の文化のなかにある「烏滸の者」の機能――土地の精霊が征服神に「抵抗」する「おどけ」の役割と、忍従する「もどき」（ものまね）の役割とが、形を変えながらも十分に取り込まれているように感じられます。

ヘヨカの「野性の笑い」

アメリカのインディアン社会には、「ヘヨカ」と呼ばれる、部族に笑いをもたらす「メディスン・マン」(呪術師)が現在も存在します。

「メディスン」は英語の「薬」と同じ単語ですが、もっと広い意味での「治す力、癒やす力」を含むものです。

ヘヨカは一般的に「トリックスター」であると位置づけられています。「トリックスター」というのは、神話や説話世界でものごとをひっかき回すいたずら者であり、かつ人々に何かをもたらす「地域英雄」のことです。トリックスターという存在は、烏滸《おこ》の者がもつような、「取り違えの狂気性」、あの世の原理を持ち込む、価値を逆転させるパワーの体現者でもあります。

これまで、この本では「烏滸の者」のありようをさまざまにとりあげ、四つの特性を示してきましたが、ヘヨカはそれらを典型的に備えた存在だと思えますので、少し詳しく紹介しましょう。

ヘヨカは、雷を自分の「ビジョン」(生きる道しるべ)にもったときに、天から「メディスン・マン」として生きる使命を与えられるといわれています。そのヘヨカが馬鹿げたふるまいをするのは、「雷さまが夢を通じてそうしろと命じておられるからであり、そのヘヨカがいてくれるおかげで、一族の者たちは稲妻やら嵐から守られている」と信じられているのです。つまり、ヘヨカは、人類の笑いの原型がそうであったように、雷神と人間とをつなぐ存在、その役割をもつ「媒介者」なのです。

今日では、神に笑いを捧げる役割こそもってはいませんが、神に笑いを捧げる行為が年月を経て「儀式」へと変わっていくなかで、ヘヨカもまた儀式を司る役割をもつことになったのでしょう。

社会人類学者の阿部珠理氏は、アメリカ先住民ラコタの人々の儀式（サンダンス）での見聞を次のように記しています。サンダンスは大変興味深い儀式で、ここでヘヨカが活躍します。

サンダンスの三日目、ヘヨカが登場した。三日目となれば、サンダンサーは、肉体的極限に来ている。実際三日目が一番辛いという声をよく聞いた。ここが一番の踏ん張りどころなのである。そこにヘヨカは、水をいっぱいに湛えたバケツと柄杓を持ち込み、サンダンサー一人一人の前に立ち止まっては、バケツから水を掬《すく》って美味そうに飲んでみせる。それだけではない。水の入った柄杓をダンサーの口元まで持って行き、たらたらと地面にこぼす。ダンサーは、最大の誘惑に打ち勝たねばならない。ヘヨカに対して腹立たしい感情も生まれる。しかしそれらに打ち勝ったとき、自信という新たな力が、疲れたサンダンサーを甦らせる。腹立たしさを通過し、ヘヨカがむしろユーモラスにすら感じられる。（『アメリカ先住民の精神世界』）

サンダンスは、その名のとおり太陽を崇拝する踊りの儀式で、太陽が最も力を増す夏至の前後に行われます。アメリカ先住民にとって、ダンスは身体を用いた、大地に捧げる祈りです。その祈りには動物の毛皮を身につけ、自分を動物と一体化させ、その動物たちとの対話を行うのです。ダンスは動物たちの霊に呼びかける言葉なのです。これは烏滸の者のもつ第一の特質、音を聞くことにつながります。そしてヘヨカは、その儀式の場に、烏滸の者の第四の特質「取り違えの狂気性」を持ち込むことによって、儀式の本来の意味、あるいは、普段深く考えることなく行っている日常の食事、排泄、生殖などの生理的行為の神聖さを取り戻させ、思い出させます。

一方、スー族のメディスン・マンであったレイム・ディアーは、『インディアン魂』という本のなかで、ヘヨカとは、「天と地がひっくり返っていて、前と後ろが反対で、『はい』が『いいえ』で、『いいえ』が『はい』の、やることなすこと全部が逆さまになっている人間のこと」だと言っています。

ヘヨカは、いとも奇妙なふるまいをする。彼が「イエス」と言うとき、それは「ノー」を意味している。馬には、後ろむきに乗る。モカシンも、ブーツも、足に履くものはなんでも、前と後ろを逆さまにして履く。だから、こっちにむかってきているときには、彼はほんとうは去っていっているのだ。彼はやってくると同時に去っていく。夏のくそ暑いさなか、熱波の真っただなかにいながら、ヘヨカは両手に手袋をつけ、身体に毛布を巻きつけて、寒さに震えているだろう。盛大に火を起こしてそれにあたりながら、このままでは凍えて死にそうだなどと文句を言っている。反対に冬がきて、目も開けていられないほどの横殴りの吹雪が吹きつけ、気温が零下四十度にもさがるころには、ヘヨカは身体中を汗ばませていることだろう。暑くて暑くてたまらないのだ。水着を着ただけのすっ裸同然の姿で、こんなに暑いときには泳ぐにかぎるなどと、奴さんは口走っている。

このように、ヘヨカはまさに取り違えの狂気、あの世の価値観をこの社会に持ち込もうとします。そのパワーは、硬直した価値を身体まるごとで破壊するほどです。ヘヨカは災害を人格化して体現します。人間が人生に慣れてぬるま湯に浸かっているような状態のとき、災害は人間が慣れ親しんできたことと反対のこと、過酷な経験を突きつけて意識の変革を迫ります。本来の魂の願いや使命を人間に思い出させる役割を、ヘヨカが演じるのです。

アメリカ先住民のヘヨカのように、トリックスターを社会的・文化的システムとして数千年もの間存続させてきた社会は世界中で、もはやほとんど見られなくなりました。

白人国家の成立以来、それに抗する存在となったアメリカ先住民の社会ですが、だからといって、ヘヨカがその後、アメリカ国家への抵抗者となったわけではありません。

ヘヨカがそこで発揮したのは、人々の意識を変革し、心を癒やすという本質的な力のほうでした。たとえばスー族の儀式では、最後はいつもグループ・セラピーのような形で終わるところにヘヨカが登場し、中心的な役割を演じたようです。

円陣のなかで、ひとりひとりが順番に、自ら抱えている問題について語り、自らのいたらないところについて話をする。すると、ヘヨカとよばれる雷の夢を見た人間、一族の道化が、みんなの前で、どんなに恥ずかしいものであれ、その人間の夢を演じてみせるのだ。(『インディアン魂』)

ひとりひとりの心の問題を芝居にして演じ、まねてみせて、笑い飛ばすことで、ヘヨカはその人の心の問題を解放します。ヘヨカの笑いは「もどき」(ものまね)を、抵抗としてではなく、解放として行うものだとも言えるでしょう。

このようなヘヨカの笑いを私は「野性の笑い」と呼びたいと思います。この精神の自由化につながる「野生の笑い」は、抵抗する「おどけ」の笑いでも、忍従する「もどき」の笑いでもなく、支配的・権威的ないずれの力にも左右されることがありません。

「野性の笑い」は抑圧という危機のなかで人々が恐怖や分裂に陥るのを防ぐ防御作用的な笑いであり、あるいは解放の笑いです。押さえ込まれ、内に閉じ込められ、硬直している何かに対して、一瞬で風穴を開ける笑い。それは、分裂と対立、闘争と支配、抵抗と忍従を超えた、第三の笑いです。このような笑いを提供するヘヨカは、世界に現存する烏滸の者の末裔としても特異な存在でしょう。そしてそれが、いまのアメリカに残っているということに注目したいと思います。

アメリカを発信源としてグローバル化する世界のなかで、それに対応する「知恵」や「柔らかな武器」となるもの、これからの世界で人々がもたねばならないものを、ヘヨカのつくる笑いは示唆しているのかもしれません。

東洋の笑いと烏滸の者

さて、この章ではここまで、グローバル化時代における世界の笑いと烏滸《おこ》の者について語ってきましたが、じつはその過程で、私には心から離れない疑問が二つありました。

そのひとつは、「神に笑いを捧げる儀式や習慣」が残されている国や地域が、日本以外のどこかにないだろうかという疑問で、もうひとつは、東洋の国には烏滸の者は残っていないのだろうかという疑問です。

まず前者の疑問に関しては、結論から先に述べれば、いまのところ神に笑いを捧げるたしかな風習は、どこにも見いだすことはできません。

ただ、ひとつ気にかかるのが、『旧約聖書』詩篇四十七番の「もろもろの民よ、手を打ち、喜びの声を上げ、神にむかって叫べ」から始まる神への賛美の詩です。『旧約聖書』は古代ヘブライ（イスラエル）の物語ですが、この詩篇が、本書第二章で述べた古代日本の「国栖人の遺風」と、どこかつながるような気がしているのです。古代ヘブライと古代日本については、そのつながりを指摘する研究もあるようですが、地理的な距離が離れていることもあり、これにはさらなる検証が必要でしょう。

それでは、もっと身近なアジアはどうか、この章でとりあげなかった東洋のどこかの国や地域に、神に笑いを捧げる儀式、たとえば古代の国栖人の風習の「源泉」となるようなものはないのだろうか、という疑問が起こると思います。じつは私もそのような思いをずっと抱いてきました。

それについては、とりあえずの結論とは別に、以下のような例をあげて、その可能性だけを指摘しておきたいと思います。

幕末に生まれ、近代日本美術の発展に貢献した、岡倉天心という人がいます。アメリカのボストン美術館東洋部長を務め、英文で書いた『茶の本』、『東洋の理想』などで日本文化を西洋に紹介して、世界的に名前の知られた人物です。

その岡倉天心は、『茶の本』のなかで、茶の湯（茶道）の文化が日本独特のものではなく、もともとは中国に起源があることを紹介しています。岡倉によれば、宋の時代の中国で仏教の南方禅の宗派によって生まれた茶の儀式と茶の理想が、日本に伝わり広まって、ひとつの文化として確立したのが茶の湯であり、本家本元の中国ではすでに消えてしまった茶の儀式が日本に残っているのだというわけです。

そのような例は、ほかにもあります。

中国はもともと、数多くの文化の発生地でした。中国人の四大発明とされる製紙や印刷術、火薬、羅針盤などがとくに有名ですが、日本はほかのアジア諸国と同様に、それら中国の文化を取り入れてきました。

茶の湯だけでなく、第四章で述べた「庚申待ち」のような民間信仰や年中行事、さらには漢字から漢方薬、十二支、雅楽、舞楽、衣服、豆腐、住居や日用品に至るまで、日本のオリジナルだと思われるものでも、もとをたどれば、中国から伝わったものであることが多いのです。なかには、すっかり日本化して中国原産であることすら忘れられたものもありますし、日本に残った文化がすでに本家本元の中国では消滅している例も多くあります。いかにも日本的な生け花や下駄などがそのよい例でしょう。

柳田国男は、言語の時代差と地方差を検証するなかで、同じ方言が文化的中心地から同心円状に分布し、文化的中心地の外側ほど古い言語を残しているという「方言周囲論」を提唱しました。それは文化の伝播についても同じことが言えるはずで、文化的中心地から遠い周辺地域ほど古い文化が残され、中心地では新たな文化が古い文化を駆逐しているのです。第五章で紹介したように、「福笑い」の原型と思われる子どもの遊びも、発信地の中国ではすでに消滅し、発信地から遠い日本にはその文化が残された可能性があります。

このような例を見ていくと、神に笑いを捧げる文化が、東洋、あるいはさらに遠く中近東から伝わって伝承され、極東の日本に残された可能性もまたありうるのではないかと思われるのです。

一方、もうひとつの「烏滸の者は東洋の国には残っていないのか」という疑問についてはどうでしょうか。これも前者と同様に、たしかな例を見つけることはできませんでした。

しかし、あるときから、私の心には自然と浮かび上がってきたひとりの人物のイメージが宿ることになりました。それはインド独立の父、非暴力主義の実践者、マハトマ・ガンジーの姿です。

先に掲げた烏滸の者の四つの特質――神の声や音を聞き、非攻撃的で女性的な性格を備え、犠牲と公共性の上に成り立つ道化の力を持ち、価値を逆転させる力を発揮する――を考えるとき、私のなかでは、ガンジーの姿がそれとぴったり重なるのです。

ガンジーという奇跡のような人物を生んだインド。仏教が生まれて消えた、ヒンドゥー教の国。ここにはどこかに、神に捧げる笑いの祖型が残され、烏滸の者も残っている可能性があるのかもしれません。

先に述べた岡倉天心は、『東洋の理想』という本の中で、「アジアはひとつである」と言いました。

孔子の共同主義をもつ中国と、ヴェーダの個人主義をもつインド。この二つの強大な文明はヒマラヤ山脈によって隔てられ、それぞれの特色を強調しながらも、ひとつのアジアとしてつながっていると岡倉は言うのです。

「雪を頂く障壁といえども、すべてのアジア民族にとっての共通の思想的遺産ともいうべきもの、普遍的なものに対する広やかな愛情を、一瞬たりとも妨げることは出来ない」

それはまさに、アジアの精神文化には共通の基盤があることを示唆したものであり、そのような精神文化のなかに、もしかしたら神に捧げる笑いの文化の起源は隠れているのかもしれません。

第七章　「笑い」に挑んだ知の巨人たち

「鳥滸の学問」が未来を拓く

ここまで私は「笑い文化」というものを歴史的に振り返ってきましたが、先に述べたように、日本で初めて笑いを「知」の対象としたのは、柳田国男でした。

柳田の学問は、滅びゆくものを必死に拾い集めた「積み重ねの学問」です。学問がもし新しいことだけを追い求め、いま役に立つことだけを対象にしてきたのなら、私たち人類の「知」はどれほど貧しいものになっていたことでしょう。しかし現代の学問は、そうしないと職や研究資金を獲得できない、研究資金を使う説明責任を果たせないといって、新しいものばかりを追い求め、役に立つことだけを求め始めています。

柳田国男はこんなことを言っています。

方言を標準語に統一すべしというと、忽ちその棄てられる方言を馬鹿にするが、さようなヲコなることは民俗学では許されない。むしろ滅びそうだと思えば、なお懇《ねんご》ろに知って置かねばならぬのである。(『鳥滸の文学』)

柳田国男は、膨大な量の「滅びそうなことがら」を拾い集めました。そのなかには柳田の時代にすでに社会で役に立たなくなっていたものもあるでしょう。しかし柳田は、未来のためにそれらを拾い集めたのです。

大学図書館が誰も読まないかもしれない百年以上前の蔵書や学術書を大切に保管する。大学や博物館が無目的に無制限に動物の遺体、昆虫や植物などの標本、化石等を収集する。学問とは、じつはそのような一見無駄に見えることの積み重ねから成り立っています。いま役に立たないように見えるものも、時代が変わり、社会や環境が変われば、いつか誰かの役に立つかもしれません。あるいはいつか、人類にとって大きな役割を果たす可能性を秘めているかもしれません。それはいつか誰かの手によって再発見されることを待っているのです。そのように考えると、一見無駄に見えるもの、いまは役に立たないものをも、きちんと後世に遺すことは「知の安全保障」であるとも言えるのです。

柳田の拾い集めた「笑い」もまた、そのようなもののひとつでした。柳田は『笑いの本願』の自序で、次のように言います。

虎渓《こけい》の三笑《さんしょう》とか、寒山拾得《かんざんじっとく》の呵々大笑《かかたいしょう》とか、またはこの本にも出てくる閻魔大王《えんまだいおう》の笑い顔とか、まだベルグソン氏らの言わなかった笑いが、色々こちらには有るように思うのだが、それを集めて見たり考えたりするまでの、時を残念ながら自分は持っていない。他日学問の再び繁栄する時代が到来して、是《これ》が文化史上の大切な、また興味ある一課題であったことを、承認してもらえればもうそれで満足しなければなるまい。

これは柳田の昭和二十年（一九四五年）十二月の言葉です。昭和二十年は日本の敗戦の年。その年の八月に、日本はポツダム宣言を受諾し、降伏しています。

その敗戦の年に、柳田は日本の未来に向け、そして再び学問の繁栄する時代が到来するときのために、いますぐには役に立たない「笑い論」をまとめたのです。

そのように考えると、柳田の学問は、「現在」の価値から「未来」への価値へと、価値を逆転する「烏滸《おこ》の学問」といえるかもしれません。

柳田は、「笑の文学の起原」のなかで、「三百年前の借銀《しゃくぎん》の証文に、万が一返済滞るにおいては、『人中にて御笑ひ下さるべく候《そうろう》』と書いたものがあったということは、有名な話になっている」と言っています。先に第四章の冒頭で「村八分を解く笑い」について紹介しましたが、その法的制裁としての「許しの笑い」と同様に、借金を返済できないときなどには「人前で笑われる」という法的制裁の慣習法もあったというのです。

共同体社会のこのような「笑いの法的制裁」は、日本法制史のような学問にとって大変興味深いものだと私は思いますが、いまの法科大学院の講義などで取り上げられることは決してないでしょう。法律を専門的に詳しく学ぶ大学院はいまや司法試験のためにあります。ですから、それに役立たない「笑いの法的制裁」などというテーマは世の中から消えてしまう運命にあるのです。

現代の学問、とくに科学は、役に立つこと、つまり「有用性」を求め、それを要求しています。科学の最高峰ノーベル賞も、何の役に立ったか、これから何の役に立つかという「有用性」という基準で評価が行われているような気がします。

二〇〇八年にノーベル化学賞を受賞した下村脩氏のオワンクラゲの緑色発光タンパク質の研究も、生命科学や医学研究用の重要なツールとして役に立ったからこそ、受賞対象になったのでしょう。しかし、下村氏がその研究を始めたとき、その研究がこれほど社会の役に立つとは誰が予想できたでしょうか。

私は学術関係の仕事をしているので、毎年ノーベル賞がとても気になります。しかし、同様に注目しているのが、イグノーベル賞です。イグノーベル賞は知る人ぞ知る、学問の「烏滸の者」、笑いのノーベル賞なのです。

二〇一二年も日本人が音響賞を受賞しました。おしゃべりな人の話を妨害する「スピーチジャマー」という道具の発明で、あまり品の良い研究とは個人的には思いませんが、これで日本人の受賞は七年連続です。二〇一一年も日本人が化学賞を受賞していますが、「火災など緊急時に眠っている人を起こすのに適切な空気中のわさびの濃度発見と、これを利用したわさび警報装置の開発」がその受賞理由でした。災害時に音の聞こえない障害者に警報を与える装置。災害大国、日本から生まれ、発信する貴重な発明といえるのではないでしょうか。

イグノーベル賞は、「人々を笑わせ、そして考えさせてくれる研究」に与えられる賞です。反語的な接頭辞をつけたアンチノーベル賞であり、「あさましい」という意味の「イグノーブル」という単語の意味を掛けてもいます。笑いのノーベル賞ともいうべきこの賞は一九九一年に創設されましたが、日本は毎年のように受賞している常連国なのです。

かつて「たまごっち」が「数百万人分の労働時間を仮想ペットの飼育に費やさせたこと」に対して経済賞を受賞し、犬語翻訳機「バウリンガル」は、「ヒトとイヌに平和と調和をもたらした業績」に対して、また「カラオケ」は、「人々に互いに寛容になる新しい手段を提供した業績」に対して、それぞれ平和賞を受賞しています。

「ハトを訓練してピカソの絵とモネの絵を区別させることに成功したこと」に対して心理学賞も受賞しています。また、「ウシの排泄物からバニラの香り成分『バニリン』を抽出した研究」がやはり化学賞を受賞し、「単細胞生物の真正粘菌にパズルを解く能力があったことを発見したこと」に対して認知科学賞の受賞もあります。

日本人の革新的な研究能力はこのように、笑いを起こすほどに飛び抜けています。日本は学問の「烏滸の者」を輩出しているのです。私はここにも、日本人の笑いの力を感じています。そして、日本の科学力は、実はすぐに役に立つとは思えない「烏滸の学問」が支えているのではないかとも思うのです。

ベルクソンと「笑い」の哲学

柳田国男は日本で初めて「笑い」を「知」の対象としましたが、その柳田が『笑の本願』の自序で紹介しているように、笑いを世界で初めて哲学としてとりあげたといわれるのは、フランスの哲学者アンリ・ベルクソンの『笑い』(一九〇〇年刊行)です。

約二万冊に及ぶ柳田の蔵書、『柳田文庫蔵書目録』には、一九一三年刊行の英語版『Laughter, an Essay on the Meaning of the Comic』がありますが、柳田はこの『笑い』を日本人としていち早く読んだ人のひとりでしょう。

この本でベルクソンは、モリエールの舞台喜劇などを分析しながら「笑いの原因」を身体論的に考察し、笑いとは「生命ある人間に機械的なこわばりが生じた結果である」といった結論を導き出しています。

ベルクソンはその後、一九二七年にノーベル文学賞を受賞していますが、第二次大戦のナチ・ドイツによるフランス占領下、いっさいの公職を辞し、降りかかるユダヤ人迫害を恐れず、酷寒のパリで逝去しています。生真面目で気難しい人であったようですが、真正面から人生にも学問にも立ち向かっていった人だと思います。

しかし、その気難しいユダヤ人のベルクソンがなぜ、「笑い」の考察に取り組んだのかは謎で、はっきりとしていません。ベルクソンは唐突に笑いの分析を始めているのです。そこにはベルクソンの家庭の事情があったように私は思っています。

前述のように彼の笑い研究はフランス喜劇、とくにモリエールの舞台喜劇を分析したものでした。そして研究成果である『笑い』を出版する七年前には、一人娘のジャンヌ女史が生まれています。

このジャンヌ女史は聾啞《ろうあ》でした。ベルクソンは、家族のことや個人的なことをいっさい記録に残さないよう遺言を残し、すべての書類が処分されたので、ジャンヌ女史が生まれたときから聾啞だったのかどうかははっきりしません。しかし、彼女が聾啞で、ベルクソンとは手話と筆談で話をする生活であったことは、『いきの構造』の著書で知られる哲学者、九鬼周造の「回想のベルクソン」という随筆でも知ることができます。

ベルクソンはジャンヌ女史をとても大事に育て、彼女は彫刻、絵画などの芸術創作の世界に入っていきました。そんなベルクソンが、ひとりでモリエールの喜劇の舞台を見て、ただ楽しんでいたとは私には想像できないのです。彼は大事な娘に喜劇の舞台を観せたい、その笑いを理解させてあげたいという一心から、モリエール喜劇を中心とした身体的笑い論を本に書いたのだと私は思います。

柳田の「笑いの本願」

ベルクソンに比べると、柳田の笑いに対する問題意識は、これまで述べてきたようにはっきりしています。

日本では笑いが零落している。本来は笑い好きな日本人から笑いが消えている。日本の笑いは退化しているのではないか……。柳田の著書『笑の本願』には、笑いの現状と未来への強い危機感があります。

近代化が進み、農村型共同体が崩れてゆくとき、社会がひとつの方向性に効率化を進めるとき、異端の「烏滸《おこ》の者」は愚か者、邪魔者となり、社会から淘汰されていく。まして国家が「正義」を一元管理する戦時下では笑いは死滅し、「烏滸の者」は最初から存在できない。柳田は社会の動きを見つめながら、「烏滸の者」が消えた社会の行く末を見つめていたのです。

『笑の本願』という題名には柳田の強い思いがあります。「本願」という言葉は、本来の願いという意味ですが、もともと仏教語で、仏や菩薩が「衆生を救済するために過去に立てた誓願」のことです。つまり、笑いの本願とは、柳田自身の笑いに対する願いであると同時に、「笑い」というものが本来もっていた「衆生を救済するための願い」でもあるのです。

そして柳田にとっては、その「笑の本願」を実現するのが、「烏滸の者」の存在でした。「烏滸の者」は、「笑の本願」、つまり過去の願いを実現するものであると同時に、見えない世界を見て、まだ現れていない世界を語る預言者でもあります。預言者が既存の社会で理解されることは難しいでしょう。未来からくる預言の言葉は、普通の人には理解できないのですから。預言者は通常、不遇な姿で現れ、生涯を不遇で終わります。しかし彼らは笑われることを恐れない。

ベルクソンと同様、柳田もまた生真面目で気難しい性格だったといわれています。そんな柳田が現実の社会で生きていくには、周囲に「烏滸の者」が必要だったことでしょう。そして現実に、柳田の人生の傍らには、いつも進んで人を笑わせようとする、道化の力をもった「烏滸の者」がいたのではないかと思うのです。

柳田とも深い接点のあった南方熊楠と折口信夫。あるいは柳田の前に現れた異国の人々。

彼らは柳田にとってある種の「烏滸の者」だったのではないでしょうか。彼らは既存の価値を引っくり返し、自らの外に笑いを求める必要がない人たちなのです。現実の人生でそうした人々の存在を認識し、実感していたからこそ、柳田は、社会から消えていこうとする「烏滸の者」の復権を望んだのでしょう。

柳田国男は日本の民俗学に一生を捧げたように思われていますが、じつは郷土の笑いから東洋の笑いへ、そして世界の笑いへと研究フィールドを広げ、笑いの世界民俗学を打ち立てたいという強い希望をもっていたことが著書からは分かります。

柳田はまた、独力で日本の民俗学の基礎を築き上げた人のように思われているかもしれません。しかし笑い論も同様ですが、じつは多くの人から影響を受け、その民俗学をつくり上げたのです。そのことを知るために、ここで柳田の民俗学、とくに笑い論に影響を与えた人たちを少しとりあげておきましょう。

『北斎漫画』の革新性と国際性

江戸時代の葛飾北斎という人は、世界的な視野をもった革新的な絵師でした。

その北斎の手になる画集『北斎漫画』については、第四章でも少し紹介しましたが、これは北斎が門下生に与えた絵手本、つまりイラスト集でした。そこには近代化以前の風物風俗がぎっしりと詰まっています。

柳田国男は十三歳から十五歳のころにこの『北斎漫画』を読んで、その可笑しさを知ったといいます。柳田の笑い論の原点は北斎漫画にあるといってもよいのです。

柳田は北斎漫画について次のように言っています。

十五冊出ているが、実に面白い本であった。十二冊目がとくに面白く、これは本当の漫画集であった。どこも笑わずにはいられないような、おかしい絵ばかりが集められているのだ。例えば、八卦見が、頭巾を冠って仔細らしく人相見をしているのだが、それがもっともらしい顔をして、天眼鏡をかざしている。その向うに奇麗な女の人がいて、その美しい顔だけが大きく拡大されて写っている。そんな馬鹿げた絵ばかりがいっぱい集められていた。（中略）私はその話をするだけでもおかしくなって仕方がないほどである」（「布川時代」『故郷七十年』）

実際に私も十二冊目の漫画集を見てみました。

八卦見の人相見の絵（「天眼鏡」）は、たしかに髪の生え際できれいだと分かる美人が描かれていますが、天眼鏡に写る巨大な鼻と半分の目が可笑しさを誘います。ほかにも、三つ目お化けに三つのレンズの眼鏡を売る商人や、盲目の琵琶法師を驚かそうとするろくろ首、空から落ちてケガする雷様、天狗の鼻芸、大きなクモの巣に引っかかる早飛脚、痩せぎす力士の独り相撲など奇天烈な絵が多く、どれも本当に面白いものでした。

十二冊目には、公家を風刺した「相馬公家」や武士を嘲笑した「くそ別所」など、権力者たちを笑い飛ばす絵もあります。北斎は「諷刺画の時代を切り開いたパイオニア」（『近代日本漫画百選』清水勲）とも言われるゆえんです。

北斎漫画の革新性は、世界を別の角度から見ることによって、新たな笑いを創り出したところにあります。北斎は遠近法や陰影法、舶来の化学染料などを駆使した、日本絵画の革命児だったのです。『北斎漫画』はその証拠のようなもので、当時最新の西洋文化や中国の文化を融合させた形で、日本の伝統風俗や風習を満載しています。

そうしたことからも分かるように、葛飾北斎という人物は、当初からある意味「国際的な画家」でした。鎖国の江戸時代にあって、海外情報に精通し、異人との交流もあり、さらに最新の技術や情報を入手して革新的画法を生み出していきます。のちには西欧の画家たちに大きな影響を与えた北斎ですが、じつはそれ以前、西洋画もまた北斎に大きな影響を与えているのです。

北斎は江戸にいて西洋油絵を深く研究しました。ヴァン・ゴッホが浮世絵を四百枚持っていたといわれるように、北斎も驚くことに大八車にいっぱいの西洋銅版画を持っていたといいます。

北斎の時代、西洋で生まれた望遠鏡や顕微鏡、オプティーク（のぞき眼鏡）などは、世界観を変えるほどの視覚革命をもたらしました。遠いものが大きく、近くに見える。小さなものが大きく見える。遠近の奥行きが見える——。凸レンズ付きの「のぞき眼鏡」から見る「浮絵」は、文字どおり浮き上がる立体絵です。三次元的奥行きを見せる「遠近法」の西洋画なのです。浮世絵はこの浮絵から生まれました。

また、北斎が使用したのは、ベロ藍（ベルリンの藍）と呼ばれるブルーの絵の具でした。舶来の化学染料です。かつて、青色の絵の具は非常に高価なものでした。

日本でも有名な十七世紀オランダの画家フェルメールの絵が、なぜ人を魅了するかというと、その一因はウルトラマリン・ブルー、「フェルメール・ブルー」とも呼ばれる独特の青色にあるといわれます。この、フェルメールも使った伝統的な青色の絵の具は、アフガニスタン原産の高価な原石「ラピス・ラズリ」を砕いて作りました。フェルメールの時代、彼の使用した「ウルトラマリン・ブルー」は黄金にも匹敵する値段だったといいます。

ところが、一七〇〇年代前半にドイツ・ベルリンで発見され広まったのが、フェロシアン化鉄でした。これが北斎の使用した、いわゆるベロ藍です。もし青色の絵の具がこの発見によって安くならなかったら、北斎画は生まれなかったかもしれません。北斎は絵の輪郭線を墨でなく、ベロ藍にします。明るく美しい青と植物繊維の濃い藍色をかけ合わせ、北斎の空と水が生まれました。西洋と東洋の出会いと融合。西洋文化の影響を受けた浮世絵が、次は西洋画に大きな影響を与える。文化とはこのように行きつ戻りつして、深まり、広がっていくものなのでしょう。

『北斎漫画』の「笑い」を十代前半に見いだした柳田は、同時に「世界」への視点と「民俗」への興味を自らの内部に宿したともいえます。それはやがて柳田が構想する世界民俗学の原点となるものでした。そして実際、自身の訪欧を契機として、西洋の文化に大きな影響を受け、それが柳田の学問を大きく進展させる結果をもたらします。

柳田は国際連盟委任統治委員としてスイス・ジュネーブに滞在した約二年間、ヨーロッパ各地を訪問しました。そのとき、各地の美術館を訪ね、ヨーロッパ絵画に触れています。前述したように、柳田は帰国十年後に、『桃太郎の誕生』という日本昔話の構造分析の名著を出しますが、その自序にはこんなことが書かれています。

今からちょうど十年前の、春のある日の明るい午前に、私はフィレンチェの画廊を行きめぐって、あの有名なボティチェリの、海の姫神の絵の前に立っていた。そうしていずれの時かわが日の本の故国においても、「桃太郎の誕生」が新たなる一つの問題として回顧せられるであろうことを考えてひとりこころよい真昼の夢を見たのであった。

柳田がここで語っている絵は、イタリア・ルネッサンス期の画家、サンドロ・ボッティチェリの「ヴィーナスの誕生」のことです。ギリシャ神話の女神ヴィーナスが海から出現して貝殻の上に立ち、風に岸へと吹き寄せられるさまを描いた世界的に有名な絵画です。

柳田にとっては、ペロールやグリム兄弟のヨーロッパ昔話が日本の昔話との比較の構想をもたらしたように、「ヴィーナスの誕生」が『桃太郎の誕生』のインスピレーションを生んだのです。

「ヴィーナスの誕生」は、いまでは絵の好きな人なら知らない人もないくらい著名な絵になりましたが、作者のボッティチェリは、セザンヌやゴッホが存命中には評価されなかった以上に、長い間忘れ去られていた画家でした。四百年間もの長い間、かえりみられず、評価されたのは十九世紀末なのです。そのような絵画から、柳田が歴史的な名著となる日本の昔話論のインスピレーションを得たことに驚きを覚えます。

ハイネの「笑いと革命」

世界的な心理学者ジークムント・フロイトは、その著書『機知 その無意識との関係』で、ユダヤ人のジョークを考察しましたが、その中で、ハインリッヒ・ハイネを何度も引用し、その機知の質の高さを賞賛しています。

そのハイネも、柳田国男に大きな影響を与えたひとりです。柳田はグリム兄弟などのドイツ民俗学に大きな影響を受けていますが、それ以上に影響を受けたのがハイネなのです。ハイネが没して約二十年後に生まれた柳田は、青年時代、ハイネの『流刑の神々』や『精霊物語』に魂を揺さぶられるほどの衝撃を受けました。そこに満ちる精神の革命性に心を打たれたのです。

「愛の詩人」とも呼ばれるハイネは、ドイツの革命を夢見たアウトサイダー（反逆者）でした。革命とは価値をひっくり返すことで、それは「烏滸《おこ》の者」の第四の特質と重なります。革命と笑いは最初から深い関係があり、それを裏書きするかのように、ハイネの言葉には革命性と笑いが同居しています。たとえば、次のような文章です。

幽霊は生きた人間に出会うとびっくりするそうです。ちょうど生きた人間が幽霊に出会って驚くのと同じように。（「フローレンス夜話」）

この地上で喜びの盃を飲んだ者は、かの天上では宿酔《ふつかよい》を味わう。（「着想と警句」）

そのとき、もっとも賢明な人の叡智が辱められ、暗愚のえらばれた人が敬意を表された。最後の人が最初の人となり、最低のものが最高のものとなった。事物も思想もくつがえされ、それは実際、ひっくりかえった世の中であった。（「告白」）

ハイネは一七九七年にドイツのデュッセルドルフでユダヤ商人の子として生まれました。ボン、ゲッティンゲン、ベルリンの各大学で法律を学んでいます。このうち、ゲッティンゲン大学は、いわゆる「七教授追放事件」の舞台となったところです。これは一八三七年、専制君主の一方的で非法な新憲法破棄に抗議し、七人の教授が免職された事件ですが、その七教授のなかにグリム兄弟の兄ヤーコプ・グリムがいました。ハイネはこのグリム兄弟から大きな影響を受けています。

ところでグリム童話といえば、ユダヤ人への偏見が指摘されることもありますが、ユダヤ人たる当のハイネはといえば、じつはユダヤ教からキリスト教へ改宗したことでも知られています。反ユダヤ主義は欧州キリスト教世界の根本思想であり、キリスト教世界が結束するとき、ユダヤ人は常に迫害されてきました。しかし、いくら迫害されてもユダヤ教徒はキリスト教に改宗しない。そんななか、ハイネは宗教的転換というより「人生の革命」として改宗の道を選んだのです。彼の改宗は、強固なユダヤ社会のなかでの個人的革命であり、「ユダヤ教徒」でないものに変わることで、自分を変えていくことを意味しました。

キリスト教に改宗したハイネはその後、一八三〇年の「七月革命」で国を追われて自由の都パリに亡命。同じく亡命した革命家カール・マルクスと出会い、無二の革命の友となります。マルクスは経済学のマルクス主義（共産主義）で有名ですが、その根本的な問題意識は、いかにして人類が旧約聖書にある楽園「エデンの園」、あるいは古代の原始共同体のような「財産共同体」をつくれるかということでした。私有財産制で富を蓄積した者が貧しき者を苦しめる社会をいかに転換するか、そのためには私有財産をもたずに、財産を共有する共同体社会を作る。それがマルクスの目指した革命でした。

そのマルクスの夢にハイネは共感したのです。そしてパリにいながら、まるで祖国を恋うように「財産共同体」の精神的基盤を古代ゲルマン信仰やグリム兄弟のドイツ民俗学のなかに求めていきました。一八五三年に発表した『流刑の神々』で、ハイネは古代の土着の神々がキリスト教の非寛容性によって不当に退けられた歴史に思いを巡らせたのです。
そんなハイネに共感し、触発された柳田は、ハイネの描く「西洋の零落した神々」に相当するのが日本の「妖怪」ではないかと考えて、次のように言います。

いずれの民族を問わず、古い信仰が新しい信仰に圧迫せられて敗退する節は、その神はみな零落して妖怪となるものである。妖怪はいわば公認せられざる神である。（「一つ目小僧」）

ユダヤ教徒からキリスト教徒に改宗しながら、そのキリスト教が滅ぼした古代の神々に思いを寄せる。そうしたハイネの自由な精神、革命的精神は、柳田が若い時代に深く自らの精神にもしみ込ませ、思考の手本としたものだったのでしょう。

フレイザーの「革命の民俗学」

柳田国男が多大な影響を受けた書物のひとつに、イギリスの人類学者ジェームズ・フレイザーの『金枝篇』があります。これは、王殺しと王の地位交代、いわば革命の民俗学的考察の書ですが、この書はウィリアム・ターナーの「金枝」という絵の話で始まります。北イタリア、アルバ山にある静寂のネミ湖。女神ダイアナを祭る聖なる森の一本の聖樹。女神の祭司たる森の王が守っているその聖樹には「金枝」と呼ばれる特別な枝があり、それを手に入れた者は王を殺して、新たな王がそこで生まれる――。

このような革命の世界民俗学に、柳田は引き込まれたのです。

柳田がフレイザーの『金枝篇』の原書を読み始めたのは一九一二年、南方熊楠に勧められてのことでした。全十三巻に及ぶ膨大な書ですが、柳田にとってフレイザーの『金枝篇』は特別なものだったといいます。

私が陶酔するような気持ちで本を読んだのはフレイザーの『金枝篇』だけです。『旧約聖書のフォークロア』なども、新しい印象であったが、三分の二まで読んで後はまだ怠っている。あの人のものは今ふり返ってみると、注意力が非常に行き届いていて、結論が簡明直裁でないのも貴とく、すべての小さな事実を粗末にしてはならぬという考えを養いえたのは、これはまったくフレイザー先生のおかげです。南方熊楠氏の非凡さは、もっとまとまりがつかぬようだが、ともかくも国際的の一致、民族相互間の共通性というものがこんなにあるものかを考えて、終りにエリオット・スミスらの説にも、耳を傾けるようになった。（「民俗学から民族学へ」『柳田国男対談集』）

フレイザーは、スコットランドのグラスゴーで生まれました。グラスゴー大学卒業後、たまたまタイラーの『原始文化』を読んで感銘を受けたフレイザーは、ケンブリッジ大学トリニティカレッジへ入学し、社会人類学を志します。『金枝篇』は、そのフレイザーが四十年以上の人生を費やして完成させた畢生の大作でした。

柳田が陶酔するような気持ちで読んだ『金枝篇』（『The Golden Bough』）は、のちに日本語でも翻訳出版されますが、昭和二十六年（一九五一年）刊の岩波文庫版の翻訳を手がけた永橋卓介氏は、フレイザーに直接会って本書翻訳の希望を述べ、承諾を得ています。ところがそれよりかなり前に、柳田もフレイザーに会っていることを私が知ったのは、永橋氏の次の記述からです。

日本民俗学の祖といわれる柳田国男が果たして本書からどんな影響をうけたのかわからないが（というのは筆者がこの訳の出版について相談したとき彼は格別の関心を示さなかった）、彼が十三巻からなる決定版を通読したことは事実であり、彼が一度フレイザーを訪問したこともフレイザー自身の口から聞いて筆者は知っている。（『金枝篇

（五）解説』）読んで大きな影響を受け、学恩を感じる著者に実際に会ってもいながら、『金枝篇』の翻訳出版に柳田が興味を示さなかったのはなぜなのでしょう。『金枝篇』には次のような記述があります。

自然が王に依存する社会で、「旱魃、飢饉、疫病、あるいは暴風雨などが襲って来た場合には、人々はこのような災厄を彼らの王の怠慢や罪悪のせいだとして、笞刑や縲紲をもって罰を加え、それでも因業な心を改めぬ場合には王位を剥奪して撲殺する」のであり、そのために彼の生活は「その行動によって自然の秩序を破ったり狂わせたりすることのないように、細心の注意をもって調節されねばならなかった」（第十七章「王者の重荷」）。

じつは『金枝篇』の中で、日本の天皇《ミカド》はそのような「宇宙を支配する受肉神」の典型として紹介されているのです。『金枝篇』の主題はこのような王殺し、つまり革命ですから、第二次世界大戦終結以前の柳田は、国家権力や、それを体現する治安維持法を恐れたのかもしれません。

南方熊楠は粘菌の烏滸の者

柳田国男の研究人生に大きな影響を与えた南方熊楠は、粘菌の専門家でした。

前述したイグノーベル賞で、日本人科学者グループが同類のテーマで二度の受賞をしていますが、それが「粘菌の知性」と「粘菌コンピューターの研究」であることに私は大変驚きました。進化論のダーウィンも晩年にミミズの知性の研究を続けましたが、粘菌の知性の研究はそのさらに先を行きます。粘菌の世界的大家・南方熊楠が生きていて後輩科学者たちのこの研究を知ったら、さぞ驚いたことでしょう。

「ミナカタ・クマグス」の名は日本よりも先に世界で知られていました。それは八年に及ぶイギリス滞在中の数々の論文や業績によってです。

当時のロンドン大学総長フレデリック・ヴィクター・ディキンスは、ケンブリッジ大学に日本学講座を設け、熊楠を助教授に迎えようと計画していました。しかし、一八九九年の南アフリカ戦争（ボーア戦争）の勃発によって、計画は立ち消えとなります。熊楠は生活のめどが立たなくなり、一九〇〇年に英国を去るのです。漂泊を愛する熊楠が日本に戻り、紀州田辺の「地人」（土着の人）として後半生を過ごすのですから、運命とは不思議なものです。

ロンドン滞在中に比較民俗学、民話、宗教などの素晴らしい研究業績を残していますが、彼の原点は粘菌にあります。粘菌から森へとつながる、宇宙的広がりをもつ世界を生きたといえます。粘菌は彼の守り神、心の平安を保つ心の拠り所でした。

そのころ、明治政府の急速な中央集権化は神道にまで及び、行政村ごとに原則ひとつの神社に統合しようとする施策を進めていました。それまでは行政単位ではない、自然の集合単位で産土《うぶすな》の神社がありました。神社があれば、そこには鎮守の森があります。しかし神社が統廃合されることによって、その鎮守の森が破壊されていったのです。それは熊楠にとって、自らの精神的な拠り所である粘菌を奪われることを意味します。そこで熊楠は鎮守の森を守るために権力に立ち向かい、神社合祀反対運動を行うのです。

熊楠の反権威的性格は幼少のときにすでに見られました。幼少のころから博覧強記だった熊楠は勉強が大好きでしたが、学校は大嫌いでした。学会に入ったり、学位を得ることも大嫌い。とにかく形式的な権威を嫌う。権威に頼らず、自分の目で見、耳で聞き、自ら考え、確かめていく実証型人間なのです。

ロンドンから帰国し、粘菌の研究に明け暮れた熊楠は、明治四十四年（一九一一年）、『東京人類学会雑誌』に「山神『オコゼ』魚を好むと云ふ事」を発表します。

柳田と熊楠の往復書簡はこれを契機に始まりました。柳田が熊楠に山人など民俗学上の質問をし、熊楠がそれに詳しく答える。熊楠は神社合祀反対の助力を求める。二人の交流は日本民俗学の創成的発展に大きな役割を果たしたのです。

大正二年（一九一三年）、柳田は雑誌『郷土研究』を創刊。熊楠は精力的に寄稿し、『郷土研究』は二人の雑誌のようになっていきます。

その年末に柳田は田辺まで熊楠を訪ねています。しかし、家を訪ねても会ってくれない。熊楠の細君がこちらから宿へ伺うという。当時は交通が不便で、大阪から人力車を雇って田辺まで来た柳田はどんな思いだったでしょうか。

宿で夕食を済ませ、もう来そうなものだと柳田が待っていると、女中がもう来ていると言う。熊楠は初めての人に会うのはきまりが悪いからと、帳場で酒を飲んでいたのです。やがてすっかり酔っぱらってやってきた熊楠について、柳田は「感心なことには、いつまで飲んでも同じことは一回も繰り返さなかった。しかし、このときは、大切な学問上のことは何も言わなかった」と回想しています。

次の日、柳田が挨拶に行くと、「僕は酒を飲むと目が見えなくなるから、顔を出したって仕方がない、話さえできればいいだろうといって、掻巻の袖口をあけてその奥から話をした。こんなふうにとにかく変わった人であった」と柳田は言います（「南方熊楠先生のこと」『故郷七十年』)。

柳田は熊楠に怒ったでしょうか。いやむしろ、柳田は本物の「烏滸《おこ》の者」の出現に喜び、変わっているが面白い男だと苦笑したのではなかったでしょうか。

柳田はフレイザーと熊楠の二人から世界的な比較民俗学への目を開きました。

しかし、フレイザーの存在を教え、世界民俗学への目を開いてくれた熊楠と、柳田はやがて袂を分かつことになります。大正六年(一九一七年)、わずか四年、四巻十二号で『郷土研究』も休刊となりました。

真面目な柳田が取り上げないものに熊楠は真実を見るのです。柳田は熊楠が色欲、排泄など生理的な文化を取り上げるのを下品だと見ました。それは柳田が熊楠と袂を分かつ原因のひとつともなっていきます。二人はひとつの現象をまったく逆の方向から見ていたのです。熊楠が生の溢れ出る力として見たものを、柳田は未開人の文化だと感じました。それは柳田の次の言葉から推測できます。


未開人の笑いを研究しようとした人の中に、ハンガリーの学者ゲザ・ロハイムがある。彼の説に依れば豪州の黒人などは、独り力闘の勝利を得た場合のみならず、色慾食慾の満足、それから下体の張り切っているものを、排泄し得た場合にも笑うとある。そうして彼らの神霊もまたこれと同様なる状態において、快げに大いに笑うものと信じているとある。こういう下卑《げび》たる笑いを笑った場合が、かつて一度は我々にもあったわけである。今日社交界の最も円転滑脱《えんてんかつだつ》なる人々が、比較的無害な笑いの種を求めてついにこのようなところまで到達したということは、進歩ではなくして一種の復古であると謂ってもよい。それで永遠に我々の生活が、静かにまた晴れやかであり得るか否かは、およそ文章の道に携わるほどの者が、更に心を潜めて考察すべき問題の一つである」(「笑の文学の起原」)

生理的な下卑た笑いを未開人の笑い、進歩でなく復古だと柳田は言うのです。柳田は無意識の生理的な笑いよりも、理知的、意識的な社会的笑いを重視します。これからの「烏滸の者」も社会的存在として、意識的に進んで笑いを提供する者となっていくべきだと柳田は考えていたのでしょう。

第八章　災害の国日本と「無常の笑い」

天災と烏滸の者

文化は「危機に直面する技術」だと言ったのは、イタリアの記号学の大家で小説家でもあるウンベルト・エーコという人です。映画にもなった『薔薇の名前』などの作品で知られていますが、この人の定義から考えると、日本の笑い文化もまた「危機に直面する技術」と無関係ではないのでしょう。日本には古くから多くの自然災害の危機があり、そのたびに組織や制度が潜在的に抱えていた危機が表面化しています。そのことと笑い文化との間には、どうやら深い関係がありそうなのです。

古来、「災害の国」であった日本では、地震も津波も台風も、噴火や洪水も頻繁に起きます。そのことを私たちはこの数年のうちに強く再認識しました。これほど災害の多い国は世界でも珍しいのではないでしょうか。では「笑い」は、このような「危機」としての災害と、どのように関わっているのでしょうか。

「烏滸《おこ》の者」の系譜につながる落語に、「天災」という噺《はなし》があります。

長屋に住む八五郎は、短気で喧嘩早い男です。夫婦喧嘩で嫁を殴り、止めに入った実の母親にまで手を出して、近所のご隠居のところへ転がり込みます。呆れ返ったご隠居は、「紅《べに》羅坊奈丸《らぼうなまる》という心学の先生を紹介する。そしてご隠居の手紙を読んだ奈丸先生は、八五郎に「短気は損気」「孝行したいときに親はなし。さればとて、石に布団を着せられず」「ならぬ堪忍するが堪忍」と諭すのですが、八五郎はさっぱり理解しない。そこで奈丸先生は、こんなたとえ話を持ち出します。


「道を歩いていると、丁稚の打ち水で、水が着物の裾にかかった。どうしますかな？」

「丁稚を張り倒して主人の家に殴り込む」

「屋根から瓦が落ちてきて頭に当たった。どうしますかな？」

「その家に殴り込む」

「空家だったら？」

「大家の家へ殴り込む」

と、やはり効き目がない。

「それでは、広い野原を歩いていて、にわか雨が降って来て、全身濡れねずみ。傘も雨宿りの場所もない。どうしますかな？」

「うーん……諦めるしかないな」

「丁稚に水をちょっとかけられて怒るのに？」

「天とは喧嘩できない」

「それでは、丁稚に水をかけられても、瓦が屋根から落ちてきても、天のしたこと、『天災』だと思って諦めなさい」


こう諭された八五郎は、ようやく納得して家に帰ります。

すると、なにやら長屋が騒がしい。近所の熊五郎が新しい女を家に連れ込み、そこに別れた前の女房が戻ってきたので大喧嘩になったのです。で、奈丸先生から教わったばかりの話を熊五郎にしてやろうと、得意げに乗り込んだ八五郎。

ところが、うろ覚えの八五郎の話は支離滅裂で、「短気は損気」は「タヌキはタヌキ」、「孝行したいときに親はなし。さればとて、石に布団を着せられず」は「香々（お新香）の漬けたいときに茄子はなし。さればとて、カボチャは生で齧られず」となり、「ならぬ堪忍するが堪忍」は「奈良の神主駿河の神主」と言ってしまうなど、無茶苦茶です。

たとえ話も、「広い野原を歩いていると、にわか雨、そこへ丁稚が水をまく。すると丁稚は屋根から落ちてくる」と、二つの話が渾然一体となった意味不明の話になる。最後だけはまともに、「これもすべて天のしたこと、『天災』と思って諦めなさい、天とは喧嘩できないから」と諭す八五郎。それに対して、「天災じゃない、うちは『先妻』でもめてるんだ」と熊五郎が返すのがオチになります。

火事と喧嘩は江戸の華と言われ、喧嘩っ早いのが身上の江戸っ子ですが、さすがに天とは喧嘩できない。天災は諦めるより仕方がないという民衆の意識が、ばかばかしいやりとりのなかにもよく現れていて興味深い噺です。

さて、その天災、災害についてですが、明治から昭和を生きた哲学者、和辻哲郎は、日本文化論、比較文化論の先駆けともいえる著書『風土』の中で、日本を「モンスーン（台風）的」であると定義しています。

日本的風土は季節的で突発的な「台風的性格」をもち、その人間存在は「受容的、忍従的」であると言うのです。たしかに日本の「風土的歴史」は災害に規定されています。ただ、その災害は和辻の言うような「季節的」な台風、洪水だけではない。日本は「非季節的」で不意打ちにやってくる地震、津波、火山噴火の両方を併せもつ「災害超大国」なのだと言えるでしょう。

またまた個人的な体験談になりますが、ドイツのボンに住んでいたときのこと、ザクセン州の州都ドレスデンでエルベ川の大洪水がありました。聞けばそれは五百年ぶりの大増水とのことでした。つまり五百年間もその川は災害をもたらしていないということです。事実、ドイツの人々は地震も津波も台風も知りません。ドイツには千年前の石造りの教会や古城が多く残り、七、八百年前の古い木組みの民家や居酒屋が普通に使われています。これほど災害に無縁の国があるのかと感心したことを思い出します。ドイツだけでなく、ヨーロッパの災害といえば、わずかに火山の噴火や大洪水があるだけなのです。

英語の「disaster」（災害）は、ラテン語の「disastro」に由来します。それは、「aster」（星）から「dis」（離れた）、つまり「（幸運の）星から離れる」という意味です。ヨーロッパの災害は星の影響による特別なもの、非日常的なものだと考えられていたのです。

それに対して日本では、災害は、「ケ」（日常）のできごとです。頻繁に起きる災害によって、頻繁に「ケ」が枯れる。その「ケガレ」の状態を改めるために、いつの時代にも日本人はさまざまな工夫をしてきました。

数々の年中行事も「ケガレ」を「ハレ」（祝祭）に変える工夫ですし、笑いもまたそのような工夫のひとつとしてありました。和辻哲郎の言葉を借りれば「受容的、忍従的」なうちに日本人はそのような文化を築き育ててきたのです。ウンベルト・エーコの言葉に従えば「危機に直面する技術」としてそのような文化を築いてきたことになります。

その、災害が育てた日本文化のありようを、そこに現れた「烏滸の者」や「笑い」を通して、もう少し見ていきましょう。

記紀に記された天変地異

『古事記』の伝えるところでは、イザナギ（伊邪那岐命）が左目を洗うとアマテラス（天照大御神）が生まれ、右目を洗うとツクヨミ（月読命）が、鼻を洗うとスサノオ（須佐之男命）が生まれたことになっています。彼らはイザナギの大神が黄泉の国の穢《けが》れを禊《みそ》ぎで洗い清めることで生まれた神々です。

そしてこの三柱は、アマテラスが「高天の原《たかまのはら》」を、ツクヨミが「夜の国」を、スサノオだけは「海原」を支配するように命じられます。しかし第二章でも紹介したように、スサノオは「海原」を統治せずに、母のいる「根の国」に行きたいと泣いてばかりいました。アマテラスの高天の原に行けば、田の畦《あぜ》を壊し、灌漑用の溝を埋め、神殿には糞をまき散らすなどして、ついには太陽であるアマテラスを天《あめ》の石屋戸《いわやと》に引き籠もらせて、世の中を真っ暗にしてしまうほどの乱暴狼藉《ろうぜき》ぶりです。

イザナギの大神の両目から生まれたアマテラスとツクヨミが、それぞれ太陽と月を神格化し象徴するのに対して、鼻から生まれたスサノオは、その誕生からして異質です。スサノオはいったい何を象徴する神なのでしょうか。

スサノオは、破壊と創造の「トリックスター」（いたずら者）です。スサノオの名の由来は諸説ありますが、「スサ」を「荒れすさぶ」の意として、嵐、暴風雨を象徴する神と考えるのが妥当なのでしょう。とすると、高天の原でのスサノオの乱暴狼藉は暴風雨の被害を象徴していると見ることができます。私たちは古代から災難を神格化した神話をもっていたというわけです。

一方、神話を離れると、記紀のなかでも歴史記録としての具体的な災害の記述が始まります。『日本書紀』には大水や大風、雷、日照り、隕石、地震など、さまざまな天変地異が記録されていますが、そのうち日本最古の地震記録として、允恭《いんぎょう》天皇五年の項に「五年の秋七月の丙子の朔己丑に、地震る」という語句が記されています。

ちなみに、地震の古語は「なゐふる」。のちには「なゐ」だけで地震を指すようにもなりましたが、「な（地）ゐ（居る）」はもともと大地を表しますから、「なゐふる」で「大地が震える」という意味になります。この允恭天皇五年の地震は、七月十四日に河内か大和であったようですが、被害状況などは書かれていません。

地震「被害」の最も古い記録は、やはり『日本書紀』で、推古天皇七年四月二十七日（五九九年五月二十八日）に起きた大和の地震です。

「地動りて舎屋悉に破たれぬ。則ち四方に令して、地震の神を祭らしむ」と記載されています。地震によって、舎屋がことごとく破壊され、四方、あらゆるところに命令し、地震の神を祭り、祈らせたということでしょう。

天武天皇の時代には、地震が頻繁に記録されています。天武天皇四年十一月、「大きに地動る」、さらに六年六月十四日も「大きに震動る」とあります。さらに七年十二月には、「筑紫国、大きに地動る。地裂くること広さ二丈、長さ三千余丈。百姓の舎屋、村毎に多く倒壊れたり。是の時に、百姓の一家、岡の上に有り。地動る夕に当りて、岡崩れて処遷れり。然れども家既に全くして、破壊るること無し。家の人、岡の崩れて家の避れることを知らず。但し会明の後に、知りて大きに驚く」とあります。

九州の筑紫で大地震が起きた。一丈は約三メートルですから、約九キロの範囲で六メートルの大きな地割れが生じたというのです。多数の百姓の家が壊れたなかで、ひとつの家が壊れずに、その地滑りで場所を移動したことに家人が気づかず、朝起きて驚いたという具体例までが書かれています。

その後も、天武天皇八年十月十一日、十一月十四日、九年九月二十三日、十年三月二十一日、六月二十四日、十月十八日、十一月二日、十一年一月十九日、三月七日、七月十七日と続いて、「地震る」の記載があります。さらに十一年八月十二日に「大きに地動る」、八月十七日に「亦地震動る」と続いています。

『日本書紀』にある巨大地震で最大と思われるのは、天武天皇十三年十月十四日（六八四年十一月二十九日）の、いわゆる白鳳大地震です。

壬辰《みづのえたつのひ》に、人定に逮りて、大きに地震る。国挙りて男女叫び唱ひて、不知東西《まど》ひぬ。即ち山崩れ河涌く。諸国の郡の官舎、及び百姓の倉屋、寺塔神社、破壊れし類、勝て数ふべからず。是に由りて、人民及び六畜、多に死傷はる。時に伊予湯泉、没れて出でず。土左国の田苑五十余万頃、没れて海と為る。古老の曰く、「是の如く地動ること、未だ曾より有らず」といふ。

山が崩れ、河の水が溢れ、官舎、家屋、神社仏閣が数えきれないほど崩壊し、多数の死者が出て、温泉が枯れ、田畑が海になったというのです。古老たちもこれほどの大地震を経験したことがない、未曽有の災害だったのでしょう。

『日本書紀』は、このように日本が古代からずっと地震大国であったことを伝えていますが、当時の人々はといえば、その地震を神の力、神の起こすわざと考えていました。あるいは祟りとも思ったのでしょう。だから推古天皇はすぐに四方に地震の神を祭り、祈らせますし、天武天皇も地震後、竜田の風神、広瀬の大忌神を祭っているのです。

「ケ」(日常)が枯れ、天災や飢饉が起きれば、それは神の祟りであり、さらにひどい「ケガレ」であれば、遷都して都を改めるほどの必要があったということも、私たちの歴史は教えています。

鴨長明の「方丈住まい」

中世の古典、鴨長明の『方丈記』(一二一二年)は、都市の大火災や大風、竜巻、大飢饉や連続する大震災を記録した天変地異のルポルタージュです。

しかし「方丈」が四畳半を意味し、冒頭に「行く河の流れは絶えずして、しかも、もとの水にあらず。淀みに浮かぶうたかたは、かつ消えかつ結びて、久しくとどまりたる例《ためし》なし。世の中にある人とすみかと、またかくのごとし」とあるように、もともとは「すみか」(住居)に関する書物です。鴨長明は住居に深くこだわって生きた人でした。

世界的な民俗学者、南方熊楠がイギリスに滞在していたとき、ロンドン大学総長ディキンスとともに『方丈記』を英訳しています。その英文タイトルは『十二世紀の日本のソロー』でした。熊楠の非凡なる博学を見初《みそ》めたディキンスの勧めで翻訳し、『皇立亜細亜協会雑誌』に掲出したものですが、日本滞在経験の長いディキンスが英文タイトルを決めたものでした。

ソローというのは、『森の生活』の著者として有名な十九世紀のアメリカ人、ヘンリー・D・ソローのことで、アメリカ・マサチューセッツ州のウォールデン湖畔の森のなかに丸太小屋を作り、自給自足の生活をした人です。十二世紀日本の鴨長明の「仮の庵」の小屋と十九世紀アメリカのソローの丸太小屋とを対比しているのです。この古典が「住居論」として読まれたことが、この一例でも分かります。

住居論といえば、和辻哲郎がその著書『風土』のなかで、「家を作る仕方の固定は、風土における人間の自己了解の表現にほかならぬであろう」と言っていますが、鴨長明の家を作る方法は、たしかに災害の続く風土の中で、彼が了解した「表現」でした。

その鴨長明の「住居」に触れる前に、話は少し逸れますが、日本人の間にはもともと、住居に関して「仮の庵」という考え方が伝統的にありました。

柳田国男は、家には二通りの種類が早くからあって、日本ではそれが入り交じっていたことを指摘しています。(『明治大正史　世相篇』第三章　家と住み心地)

その二通りとは、一方は大きくて念入りな造りの家、もう一方は粗末な仮屋です。後者の仮屋は貴賤貧富に関係なく、山で働く者は猟や炭焼きの小屋を作り、遠くの野を拓いて田畑仕事をする者は田畑用の小屋を作り、漁業をする者、鉱山に従事する者はその作業のための小屋を作ってきたという事実を踏まえています。あるいは夏と冬の二通りの家を持ったり、あるいは女房のお産の小屋や火を別にする小屋、お祭りの準備の小屋を設けるなど、日本では古くから生活や仕事のための「仮の庵」が一般的に作られてきました。都市の住居である「長屋」も、じつはこの「仮の庵」の延長上に現れたものといえます。

私は大学時代の夏休みに北海道えりも町で昆布採りのアルバイトをしたことがありますが、昆布採りを家業とする人々は、通常の家のほかに、海岸近くの昆布小屋を所有して、夏の作業期間にはそこで寝泊まりします。昆布小屋といっても一戸建ての住まいです。私はその屋根裏倉庫で昆布に囲まれて寝泊まりしていました。そのようなさまざまな作業小屋、「仮の庵」がいまも日本中にあるのです。

「仮の庵」の延長上にはまた、旅の住処《すみか》もあります。

松尾芭蕉についてはあとでも触れますが、その芭蕉が『おくのほそ道』の序章で、「月日は百代の過客にして、行きかふ年も又旅人也。舟の上に生涯をうかべ馬の口とらえて老をむかふる物は、日々旅にして旅を栖《すみか》とす。古人も多く旅に死せるあり」と書いたように、人は旅では日々「仮の庵」で過ごすことになります。

古くは人々の間に「旅の小屋がけ」という考え方もありました。折口信夫は次のように言っています。

どうして、景色を詠む歌が生まれて来たかというと、それはわれわれの祖先が、よく旅行をしたからです。あるいは、旅行をした時と同じ気持ちで、歌を作る場合があったからです。旅行をした先で、いつも新しく小屋がけをして、それに宿りました。そうしてかならず、その小屋をほめ讃える歌を詠んで、宴会を開きました。これを、新室《にいむろ》の宴《うたげ》といいます。その習慣は、旅行をしないでも、一年のうちに、かならず一回以上は、自分の村にいて行うたものでした。毎年、田の獲り入れがすむと、やはり家を作りかえ、あるいは屋根を葺き替えたりして、おなじく、新室の宴を行いました。こういう場合にはかならず、建て物の内外にある物を、目に触れるに従って詠み出して、それが最後に、一つの喜びの気持ちに纏まる、というふうな作り方になっていました」(「歌の話」『世々の人びと』)

日本人は古くから旅をし、あるいは旅をする目で、歌を詠んできました。歌は新たな世界を言葉にします。歌は元来、土地の神からの言葉、神との掛け合いから生まれたように、本質的に土地の精霊との対話なのです。それは笑いが本来そのようなものであったのと同様です。

さて、鴨長明の『方丈記』ですが、小説家、堀田善衞氏の『方丈記私記』などを読むと、鴨長明が単なる無常観に生きたのではなく、災難の続く乱世の無常を、無常ゆえにリアルに生きようとした希有な人物であったことを教えられます。

平安時代末期から鎌倉時代に生きた鴨長明は、もともとは京都の賀茂神社の神官の次男でした。『方丈記』の前半部分は、そんな彼が二十五歳のときに遭遇した大火から、その後次々と起きた大風、竜巻、政治的災禍、大飢饉などを振り返り、三十一歳のときの元暦大震災（連続大地震）までの体験をまとめた、まさに「青春の災難記」となっています。

そのうちの、元暦二年の大地震について記した部分を引いてみましょう。

また、同じころかとよ、おびたたしく大地震《おおなゐ》ふること侍りき。そのさま、よのつねならず。山はくづれて河を埋《うず》み、海は傾《かたぶ》きて陸地《くがち》をひたせり。土裂けて水涌き出で、巌割《いはほわ》れて谷にまらび入る。なぎさ漕ぐ船は波にただよひ、道行く馬は足の立ちどをまどはす。都のほとりには、在々所々、堂舎塔廟《だうじゃたふめう》、一つとして全《また》からず。或はくづれ、或はたふれぬ。塵灰《ちりはい》たちのぼりて、盛りなる煙の如し。地の動き、家のやぶるる音、雷《いかづち》にことならず。家の内にをれば、忽《たちま》ちにひしげなんとす。走り出づれば、地割れ裂く。羽なければ、空をも飛ぶべからず。龍ならばや、雲にも乗らむ。恐れのなかに恐るべかりけるは、ただ地震《なゐ》なりけりとこそ覚え侍りしか。

書かれているとおり、すさまじい地震が京の都を襲ったのです。山は崩れ河を埋める。海は傾いて津波は陸を襲い、陸は水に浸る。地面は裂けて水が湧き出し、岩は割れて谷底に崩れ落ちる。人々は慌てふためき、まどい、転倒する。家にも入れず、外に出れば地面が裂ける。まさに阿鼻叫喚の地獄絵のような現実――。そのなかで鴨長明は、「羽なければ、空をも飛ぶべからず。龍ならばや、雲にも乗らむ」と、そのような思いにとらわれます。

このときの余震は三カ月も続いたとされ、その間に家はおろかすべてのものが崩れ落ち、消失してしまいます。それらの「現実」を続けざまに目の当たりにして、鴨長明の心のうちにはどんな思いが生じたでしょうか。

ひとたび地震や火事が起これば、どんなりっぱな家であろうと消え失せてしまう。家になど執着することは愚かしい……。

そして、六十歳を超え、鴨長明が住むのは、「方丈」（四畳半）で、高さが七尺、組み立て式の移動家屋というか、小屋でした。牛車に積んで移動する家に住む元神主の坊主頭の隠遁者――。厄難が繰り返される時代とはいえ、いや、それだからこそ、人々はその姿に思わず笑ったことでしょう。

軽快な隠棲の実践者、鴨長明は、その姿を想像すれば、何という「烏滸《おこ》の者」であることでしょうか。日本にはこのような形の烏滸の者も古くから存在し、日本独自の文化を築く担い手となってきたのです。

烏滸なる清少納言と吉田兼好

鴨長明の『方丈記』より二百年ほど前には、清少納言が『枕草子』を書いています。平安時代中期、清少納言や紫式部の時代にも『方丈記』の時代と同じように地震や大火、台風、飢饉などの災害が続きました。清少納言が十歳のとき（九七六年）には、山城・近江地震が起きています。とすれば、清少納言もまた幼いときの地震の思い出を記憶にもって生きたはずだと思われます。

ところが、清少納言の場合は、これらの災害を「ケ」（日常）のものとして、常なることのように、さらりと書いているのです。

無徳なるもの潮干《しほひ》の潟《かた》にをる大船。大きなる木の、風に吹き倒《たふ》されて根をささげて横たはれ伏せる。えせ者の、従者勘《ずさかうが》へたる。人の妻などの、すずろなるもの怨《ゑん》じなどして隠れたらむを、必ず尋ね騒がむものぞと思ひたるに、さしもあらず、ねたげにもてなし

たるに、さてもえ旅立ち居たらねば、心と出で来たる。（『枕草子』第百二十一段）

さまにならないものとして、大木が風に倒され根を空に向け横倒しになったすさまじい光景と、焼きもちを焼いて雲隠れした人妻が、夫が騒ぎもせず平然としているので自分からのこのこ家に戻る滑稽な様子が、一緒のもののように語られています。

さらに清少納言は、「風は嵐」が良いと言い切り、「野分のまたの日こそ、いみじゅうあはれにをかしけれ」（第百九十一段）と、「野分」（台風）の翌日はしみじみと趣きがあるなどと絶賛してしまいます。この清少納言の記述がはしりとなって、「野分」はやがて風流な季語ともなっていきます。

清少納言は、じつは本名すらも、宮仕えの七年以外の生涯も、よく分からない女性です。一条天皇の中宮定子の女房、三十六歌仙の一人、清原元輔の晩年の子などとされていますが、こんな文章をさらりと書いてみせるこの女性もまた、何という「烏滸《おこ》の者」でしょうか。

一方、鴨長明の『方丈記』から百数十年後には、吉田兼好が『徒然草』（一三三〇年ごろ）を書いています。

兼好は、『源氏物語』、清少納言の『枕草子』や鴨長明の『方丈記』を強く意識して『徒然草』を書きました。

……また、野分《のわき》の朝《あした》こそをかしけれ。言ひ続くれば、みな源氏物語、枕草子などに言《こと》古《ふ》りにたれど、同じこと、また今更に言はじとにもあらず。おぼしきこと言はぬは腹膨《はらふく》るるわざなれば、筆に任せつつ、あぢきなきすさびにて、かつ破《や》り捨《す》つべきなれば人の見るべきにもあらず。（『徒然草』第十九段）

「野分」の翌朝に趣きがあるというのは清少納言の模倣そのものですが、自分も同じことを言うぞと、きちんと言い訳しているところが潔く感じられます。兼好もまた、「烏滸の者」なのかもしれません。

兼好は吉田神社の神官を世襲する家系の出身で、誇り高い家柄の人物です。

その兼好が十歳のときに、マグニチュード七を超える鎌倉大地震が起きています。余震も多発し、死者は二万三千人あまりに及んだといいます。三十四歳のときには京都大地震、四十八歳のときには紀伊・元弘大地震を経験しています。いずれもマグニチュード七を超えた大地震で、そのほかに火災や洪水などの災害も頻繁に経験しています。また、この時代には南北朝の動乱という歴史上の政変などもありましたが、人間の力ではどうにもならない災害こそが、兼好の「無常観」をつくり上げたのでしょう。

そして、その無常の世で、兼好もまた鴨長明のように「住まい」に目を向けます。鴨長明を意識して書いているような次の文章が目にとまります。

家居《いへゐ》の、つきづきしくあらまほしきこそ、仮の宿りとは思へど、興《きょう》あるものなれ。……多くの工《たくみ》の、心を尽くしてみがくたて、唐《から》の、大和《やまと》の、めづらしく、えならぬ調度《てうど》ども並べ置き、前栽《ぜんざい》の草木《くさき》まで心のままならず作りなせるは、見る目も苦しく、いとわびし。さてもやは長らへ住むべき。また、時の間《ま》の烟《けぶり》ともなりなむとぞ、うち見るより思はるる。大方は、家居にこそ、ことざまはおしはかるれ。（『徒然草』第十段）

住居はしょせん仮の宿。いくら贅沢に、最高の技術で磨き上げ、外国製や日本製の豪華な調度品で飾っても、自然を壊して庭をきれいに作り上げても、永遠に住めるわけではない。火事に遭えば、あっという間に煙になって消えてしまう。住まいとは、そこに住む人となりが分かるものだと、兼好は言うのです。

兼好の無常観は、和辻哲郎の言う日本人の「台風的性格」「受容的・忍従的」性格とは少し違うように思えます。無常をむしろ愛でる。多少の強がりをもって、無常ということに積極的な価値を見いだそうとしているようです。打ち続く災害の歴史のなかで、このような価値観を日本人は積み上げてきたのでしょう。

あだしの野の露消ゆる時なく、鳥部山《とりべやま》の煙《けぶり》立ち去らでのみ住み果つる習ひならば、いかにもののあはれもなからむ。世は、定めなきこそいみじけれ。命あるものを見るに、人ばかり久しきはなし。蜻蛉《かげろふ》の夕《ゆふ》べを待ち、夏の蝉《せみ》の春秋《はるあき》を知らぬもあるぞかし。つくづくと一年《ひととせ》を暮らすほどだにも、こよなうのどけしや。(『徒然草』第七段)

草露や煙ははかなく消えるものなのに、死者はなくならず、あだしのの霊園や鳥部山の火葬場の煙は絶えることがない。人間が永住して死ぬことがなければ、趣きはない、人生の深い感動はない。無常であるからこそ人の世も人生も良いのだと兼好は断言します。

大洪水についても、兼好は、次のように書いています。

飛鳥川《あすかがは》の淵瀬《ふちせ》常ならぬ世にしあれば、時移り事去り、楽しび悲しび行き交《か》ひて、華やかなりし辺りも人住まぬ野良《のら》となり、変はらぬ住みかは人改まりぬ。桃李《たうり》もの言はねば、誰とともにか昔を語らむ。まして、見ぬいにしへのやんごとなかりけむ跡のみぞ、いと

はかなき。（第二十五段）

無常の世であればこそ、はかない世であるからこそ、常なる季節はいっそう愛おしい。人生の深い感動を味わうことができる。その感覚には、しみじみとしたペーソス（哀しみ）に混じって「無常の笑い」があります。兼好の随筆には、そこはかとない笑いが含まれているのです。次のような話もあります。

惟継《これつぐ》中納言は、風月《ふげつ》の才《ざえ》に富める人なり。一生精進にて、読経うちして、寺法師の円伊僧正と同宿して侍りけるに、文保に三井寺焼かれし時、坊主にあひて、「御坊をば寺法師とこそ申しつれど、寺はなければ、今よりは法師とこそ申さめ」と言はれけり。いみじき秀句なりけり。（『徒然草』第八十六段）

天台宗三井寺の僧侶（寺法師）に、惟継中納言が言った言葉に兼好は感心します。三井寺が焼ける。比叡山延暦寺の僧侶（山法師）に焼かれてしまう。寺法師と山法師がことごとく対立していた緊迫の状況のなか、惟継中納言は寺法師の円伊僧正に会って、寺が焼けたということは寺法師が本来の「法師」（僧侶）に還ったことになるのだと言い、それを尊敬するという気持ちを伝えたといいます。兼好はその情景の奥に「無常の笑い」を見たのでしょう。

芭蕉の「奥の細道」と「はやり神」

旅を住処とした松尾芭蕉も、延宝五年（一六七七年）に関東で起きたマグニチュード八の大地震を経験していることでしょう。芭蕉はまた、家を大火で失っています。天和二年（一六八二年）十二月二十八日、深川の草庵（芭蕉庵）に住んで二年目に、江戸の大半を焼いた大火が芭蕉庵にも及んだのです。それ以来、芭蕉は「無所住」の思いが心に生じたといいます。そして元禄二年（一六八九年）には、「おくのほそ道」の旅に出ることになります。

その「おくのほそ道」の道中で、最も大変だったのは、おそらく「尿前の関」だったのではないでしょうか。

南部道遥《はるか》にみやりて、岩手の里に泊る。小黒崎《をぐろさき》・みづの小島《をじま》を過て、なるごの湯より尿前《しとまえ》の関にかかりて、出羽の国に越んとす。此路旅人稀なる所なれば、関守にあやしめられてやうやうとして関をこす。大山をのぼって日既に暮ければ、封人《ほうじん》の家を見かけて舎《やどり》を求む。三日風雨あれて、よしなき山中に逗留す。

旅人もいない山中で、激しい風雨に閉じ込められての三日間。その厄難の旅寝の床で詠まれた句は次のものです。

蚤虱《のみしらみ》馬の尿《しと》する枕もと

俳味というものにはもともと諧謔（とぼけたユーモア）が含まれるとはいえ、苦難を笑いに転化するこの一句には、芭蕉の「烏滸《おこ》の者」ぶりが表れているようにも思えます。

ところで、芭蕉も経験したように、江戸時代は地震や大火、暴風、豪雨、洪水、旱魃、噴火などの災害が相次ぎ、麻疹やコレラなどの疫病流行も続きました。また社会的には一般民衆に貨幣経済が浸透するなかで経済格差が拡大した時代でもあります。

これらの社会不安は、一方で人々の間に意識の変革をもたらし、創造的なエネルギーが爆発する民衆文化の開花にもつながっていきますが、不安ゆえに、まず出現したのはさまざまな「はやり神」でした。

「はやり神」とは、人々の噂によって一時、爆発的に祭り上げられる神のことで、たとえば先に触れた安政の大震災後の「鯰絵《なまずえ》」などもその一種といえるでしょう。

江戸時代後期にあたる安政二年（一八五五年）十月二日午後十時ごろ、深川を震源地として発生した安政大震災は、マグニチュード七・一の、まさに江戸直下型の大地震でした。この大震災で、百万都市の江戸の町は数時間のうちに破壊され、各所で上がった火の手は猛火となって追い打ちをかけ、さらに津波が江戸湾沿いの村々を襲いました。通俗書の『安政見聞誌』が記す「死亡者数二十万人」という記載は誇張かもしれませんが、今回の東日本大震災ほどか、それ以上の被害と死亡者が発生したのは疑いありません。

その安政大震災後、ユニークな滑稽さをもつ「鯰絵」が民衆の間で大流行したのです。これは文字どおり、ナマズの絵のことですが、オランダの民俗学者アウエハントの著書『鯰絵』は、この「鯰絵」について詳しく分析しています。

先にも触れたように（一五九ページ）、「鯰絵」のナマズは、地震を引き起こす破壊者であるとともに「世直し」の救済者でもありました。ナマズは滑稽な「烏滸の者」として、とりわけ儲けすぎて贅沢な生活をする金持ちを懲らしめる役目も負います。天災は、口先だけの為政者による悪政とその弊害に対して、神が下す罰と考えられたのです。そして人々は紙のナマズに守護と救いを求めたのでした。

安政大震災は、これも前述したように神不在の「神無月」（十月）に起きています。人々は、神が不在だった「神無月」にナマズが暴れて地震を起こしたと考えました。本来はいつ来るか分からない不意打ちの非季節的な地震を、「神無月」に起こるという季節的なものにしてしまうのです。日本では、台風は「野分」と呼ばれ、季節的なものとして風流な季語にまでなってきましたが、あるものを季節化して季節のなかで愛でるのは、優れて日本的な発想なのかもしれません。日本人にとって、循環する季節は「ケガレ」を「ハレ」（祝祭）に転換してくれるものとしても、とても重要なものなのです。

そして災害の「ケガレ」と、巡る季節への鋭敏な神経、そこからの無常への洞察が、これまで見てきた清少納言や鴨長明、吉田兼好、松尾芭蕉といった「烏滸の者」を生み出してきました。もちろん、災害の国日本には、いつの時代にも、それぞれの土地に有名無名の烏滸の者が生まれてきたことでしょう。烏滸の者は、災害の「ケガレ」の内にあっても、その行いや言葉や文章によって、自ら「ハレ」の時空を創り出し、笑いをも生み出してきたのです。「ケガレ」を祓うために、「ハレ」を創り出すために、笑いのパワーを活用してきた日本人。そこから見えてくるのは、笑いの「状況を変えるパワー」です。笑いはその本質に、一瞬で世界を変えることのできる革命的な力を秘めているのです。

厄難と「無意識の笑い」

明治から昭和に生きた物理学者の寺田寅彦は、大正十二年（一九二三年）の関東大震災を体験したこともあって、地震や台風などの「災害」について多くの随筆を書いています。

人間や社会や文明にとって、災害とは何か。その本質への洞察力に富む文章は、今回の東日本大震災後、多くの示唆を与えてくれるものとしてあらためて注目され、多くの識者が言及したり、新たに編集された随筆集が出版されたりしました。

災害のほかにも、さまざまな自然現象や社会現象、文化現象を、幅広く科学と文学を融合させながら考察し続けた寺田寅彦ですが、そうしたなかから生まれた小作品に「笑い」というエッセイがあります。

それによると、寺田の人生は「笑うべきことと笑うことがどうもうまく一致しなかった」といいます。

たとえば、村の名物の痴呆の男がおかしい芸当や身振りをしても少しも笑いたくならず、むしろ不快で悲しくなり、また酒席での滑稽な隠し芸もむしろ恐ろしいような気がするばかりで一緒に笑う気になれなかった。一方で、激しい風が吹き荒れている最中、樹が揺れ枝葉がちぎれ飛ぶ光景に、突然、笑いが込み上げてくる。その嵐の物音に流れ込む自分の笑い声が自然であるように感じる。また氾濫した川の膝まで浸かる水の中を渡り歩くとき、水の冷たさが染み渡って身体中がぞくぞくしてくるときも笑いが突然起こる……などと言うのです。

寺田にはどうやら、ベルクソンなども取り上げていない、このような「理由なき笑い」、「対象なき笑い」が自分にはあることが、強く自覚されていたようです。

たしかに、暴風雨が吹き荒れる台風の夜などに、突然笑いたい気分になったことは私にもあります。先に述べた「無常の笑い」につながるのでしょうが、自然との深い関係性のなかから自然に生まれる笑いは、いまや日本だけに残されたものなのかもしれません。

災害と密接不可分な自然の恩恵。破壊することで救済する自然。そのような自然との深い関わりのなかで育まれた畏敬と感謝。その無意識の奥底にある何かが「笑い」を生むことはいかにもありそうです。

寺田の指摘する笑いは、そのような無意識につながった笑いであるように思われます。それは私に言わせれば、「あの世」と「この世」を結ぶ挟間の、無意識の世界で起きる現象のようにも思われるのです。

「あの世」と「この世」を結ぶ相互扶助の精神と原理――。そのような古代人の思考を、近代合理主義は否定しました。証明できないもの、合理的精神に反するものは「非科学的」だからです。しかし否定されてもされなくても、人間は都市化や近代化がつくる「人工空間」のなかで人工物に絶え間なくさらされていると、次第に「あの世」からは切り離されていきます。コンピューターやインターネットがつくり出すウェブ上の仮想空間は人工空間の極致ですが、そうした世界に暮らしていると、人間は人工物に囲い込まれて機械化し、いわばロボット化していくのです。人間の魂は物質世界に閉じ込められ、自然に生まれる笑いも生まれなくなってしまいます。

一方、人工空間を離れた自然空間には、前近代の日本では普通に信じられていた「あの世」とつながることができる場がいまもあります。そのような場所は、いわば現代人の私たちにとっては、「この世」に残された「聖地」だと言ってもよいでしょう。

神話学の世界的権威ジョーゼフ・キャンベルは、著書『神話の力』のなかで、人には「時間という壁が消えて奇跡が現れる聖なる場所」が必要だとして、次のようなことを述べています。

今朝の新聞になにが載っていたか、友達はだれなのか、だれに借りがあり、だれに貸しがあるか、そんなことを一切忘れるような部屋、ないし一日のうちのひとときがなくてはなりません。本来の自分、自分の将来の姿を純粋に経験し、引き出すことのできる場所です。これは創造的な孵化場です。はじめは何も起こりそうにもないかもしれません。しかし、もしあなたが自分の聖なる場所を持っていて、それを使うなら、いつか何かが起こるでしょう。(中略)人は聖地を創り出すことによって、また、動植物を神話化することによって、その土地を自分のものにします。（中略）（動物たちの様式化の目的は）自分の住んでいる土地霊的な意味の深い場所に変えることです。

自然に湧き上がる無意識の笑いとは、このような「聖地」で、土地の神とつながってこそ生まれるのだと私は思います。

ところで、「無意識な笑い」とはいっても、笑いにはそもそも生理的反応としての笑いと、社会的・文化的反応としての笑いがあります。

前者の笑いは人類の種としての笑いであり、寺田寅彦が言及したのは、その生理的現象として無意識の世界がもたらす笑いなのです。

すなわち、寺田が指摘した無意識の笑いは、「あの世」からもたらされる恐怖の感情と関係しています。それは、人類の種としての恐怖に結びつき、また、狂気とも深いつながりをもっているのです。

笑いの起源についてはこの本の冒頭でも述べましたが、山口昌男氏はその笑いの起源のひとつが「恐怖の克服」にあると見ています。「笑いとは、人間が出会う説明のつかない違和感というものをまず克服するために示す反応だ」というのが山口氏の説明です（「笑いについて」『笑いと逸脱』）。

その山口氏はさらに、笑いは、人間が精神分裂病になる一歩手前、分裂に陥るのを防ぐ防御作用だとも言っています。狂気と笑いは「生の現出」として、無意識の層において深いつながりをもっているというのです。

このような生理的反応としての笑い、無意識的な笑いは、これまで主として生物学的な側面からのみ考察されてきました。その結果、笑いは蓄積された神経エネルギーの発散であり、あるいは呼吸器官を通しての突然の緊張の解除であるというふうにしか理解されてきませんでした。同じ生理現象としての笑いでも、それを「無意識」の層でとらえようとする試みはほとんどなかったのではないでしょうか。

前述したクロード・レヴィ＝ストロースが「神話は無意識のおこなう思考である」と考え、神話をとらえ直したように、笑いもまた無意識の行う現象、無意識の行うコミュニケーションの一形態としてとらえ直すことが必要なのかもしれません。

文化的反応としての笑い

人間の笑いのうち、生理的反応としての笑いをひとまず離れ、次にそれを社会的・文化的反応として見たときに、では、あらためて言える特徴とは何でしょうか。

それは文化によってつくられた「集団的な笑い」であるということです。「笑い」とは、その時代の歴史的な成り立ちと社会背景がもたらす価値観に裏づけられた反応であり、社会的・文化的な規範に強く規定され、意識づけられた反応現象であるということができます。

この章ではここまで、災害のなかで立ち現れてきた「烏滸《おこ》の者」や「烏滸の精神」、あるいは「烏滸の文化」を見てきましたが、それらは災害に対する文化的反応としての笑いであり、その時代の精神を映し出したものといえます。そしてそこには、「ケガレ」と「ハレ」の社会的・文化的な二元性の意識が大きく反映されているのです。

そのように見ていくと、社会的・文化的な反応としての笑いは、その本質的特徴として二元的対立性をもったものといえるでしょう。

オランダの歴史学者、ヨハン・ホイジンガはその著書『ホモ・ルーデンス』で、古代における人間の社会生活が共同社会そのものの対立的・対比的構造の上に築かれていたことに注目し、社会的遊戯の対立的性格を考察しました。ホイジンガは、「遊戯」が聖なる祝祭と密接なつながりがあることを発見します。祝祭のもつ真面目さ、厳粛さ、時間的・空間的制約、厳しい規定性と、それらとは対立する「真の自由」との融合が遊戯の源泉だというのです。

社会的・文化的反応としての笑いも同様に、祝祭を源泉とし、本質的特徴としてそのような二元的な対立構造の上に生まれ、つくられていきます。

柳田国男は、そのことを、「神に祷《いの》りの詞《ことば》、魔物には呪文《じゅもん》、同じ人間どうしでも協力のために歌謡が有るがごとく、争って相手を制するには嘲弄《ちょうろう》というものがあって、敵を笑わるる者とし味方を笑う者とすることによって、しばしば武器腕力の行使を節約したのではないかと思う」といった文章で表現しています（「笑いの教育」）。また、このことを「芸能の発生」という別の視点から探求したのが、折口信夫でした。

アンリ・ベルクソンを代表とするこれまでの笑いの研究は、主としてこのような社会・文化反応的な笑い、集団的な笑いを、歴史的な社会構造の一断面で切り取って考察してきました。しかし、ここであらためて「日本人の笑い」や「笑いの日本文化」を考えようとするとき、それだけでは足りないように私には思えます。

ベルクソンの『笑い』を批判して『笑いの構造』を著したのは梅原猛氏でしたが、その梅原氏にしても、ベルクソンの言う「社会的強張り」を、日本的な神話的枠組みや、あるいはあの世や異界との関係性のなかで生まれる「無意識的な強張り」にまで発展させて考察することはなかったようです。しかし、じつはその点こそが日本の笑い文化を考えるうえでは重要なのではないかと思います。

「ケガレの強張り」を溶かす力

近代以前の日本人には当然のものとして意識されていた「あの世」。その異界との関係性から現れる無意識的な恐怖や「強張り」を、笑いは溶かしうる力をもっていました。

何度も言うように、それはケガレをハレへ転換する力でもありました。そのような機能を日本の笑いは古代から備えていて、柳田国男が探し求めた「烏滸《おこ》の者」は、そのような笑いを創り出す役割をもっていたのです。

笑いに生理的反応としての無意識の笑いと社会的・文化的な笑いがあるように、烏滸の者は時代の変容のなかで、その両方の笑いを起こす存在となっていったのかもしれません。

私が笑いにこだわるのは、現代があまりにも一元的価値によって世界が支配される「固い強張り」をもった「狂気」の時代であるからです。そして、この一元的狂気の「強張り」の世界に、笑いが風穴を開け、二元的な価値、多元的な価値を結びつけてくれることを期待しているからです。相互扶助を前提に成り立つ二元的世界、あるいは多元的世界を結びつける力が笑いにはあるからなのです。

生理的反応としての無意識的な笑いは、人類の「集合的無意識」、つまりカール・グスタフ・ユングが唱えた「個人の経験を超えた人間の無意識の深層に存在する領域」から生まれるもののようです。現代フランスの作家・思想家、ジョルジュ・バタイユが『非-知』という本のなかで取り上げた「大いなる笑い」とはこのような笑いなのかもしれません。

バタイユは、「笑いとは何なのかを知ることができれば、わたしたちはいっさいを知り、さまざまな哲学の問題は解決したことになるだろう、と考えていました」（「非知、笑い、涙」『非-知』）と述べるほど、笑いという領域を重要なものと認識していた人です。バタイユは、「笑いとは何か」という大きな問いを、これまでとは別の方程式で解こうと取り組み始め、志半ばで世を去りました。

バタイユが取り組みかけた「大いなる笑い」――。これまで世界でもあまり考察されてこなかった「非-知」の領域にある「無意識の笑い」を、歴史的な源流にまでさかのぼって探ることで、新たな笑いの相貌はたしかに見えてくるのではないでしょうか。

現代の狂気の時代に「笑い」を考察することは、その狂気を和らげ、溶かし、癒やす力を私たちが取り戻すうえでも、非常に重要な意味があるのではないか。「笑い」こそ、現代の社会や人間を見据えて「世直し」の方途を探るカギになるのではないか。そのような気がしています。

おわりに

これまで私は、「烏滸《おこ》の者」の、神に笑いを捧げる者としての特質をあげてきましたが、最後にもう一度振り返ってみたいと思います。

「烏滸の者」はまず第一に、あの世とこの世を結ぶ音を聞く者です。神の言葉、あるいは言葉では表わせないもの、目に見えないものを感じ取る者です。

第二には、非攻撃的、非好戦的、非暴力的で無防備である者。これはいわば女性の本質ともいえるものですが、ともかく他者に危害を加えることが絶対にない、そのような人物です。

第三には、犠牲と公共性の上に成り立つ「道化」の力をもつ人間。

第四には、取り違えの狂気、価値の逆転の力をもつ存在。これはつまり、多様な価値を創り出す力の源が、そうした人には備わっていることを意味します。

このような特徴や「美質」をもつ「烏滸の者」が存在した日本という国は、考えてみればそれ自体「烏滸の国」なのかもしれません。史上類のない非攻撃的、非好戦的な憲法第九条をもつ「烏滸の国日本」――。その土地に住む日本人には、世界に類のない特別なホスピタリティ（おもてなしの心）と共存の心があり、その源泉には「神を喜ばせる笑い」と、神に笑いを捧げる「烏滸の者」の本質があるはずだ、と私には思えるのです。

そして、私のこの考えにインスピレーションを与えてくれたのが、柳田国男でした。私は柳田国男の遺してくれた「烏滸の学問」を未来につなげたいと長年思っていましたが、それをまとめる筆は遅々として進みませんでした。

そんなとき、東日本大震災が起きました。これまで綿々と続いてきた自然災害の歴史に、原発事故という人工災害が重なった未曽有の複合災害。この混乱を乗り越える夢と希望、温かな未来を願う気持ちの一助とするためにも、柳田の笑い論をもとに日本の笑い文化についてまとめたいと、あらためて思いました。

大震災後にはまた、東北の偉人、宮澤賢治の「雨ニモマケズ風ニモマケズ」の詩が、私の頭のなかで幾度も幾度もリフレインしていました。

「ミンナニデクノボウトヨバレ　ホメラレモセズ　クニモサレズ　サウイウモノニ　ワタシハナリタイ」

私のなかでは、賢治のいう「そういうもの」と「烏滸の者」とが、どこかいつも重なっていたのです。

「笑いの零落の最も明白なる兆候は、ヲコが馬鹿と変じ、馬鹿を愚者または白痴の別名のごとく、解する人の多くなってきたことである」

柳田はこのように、笑いと「烏滸」が失われつつあることを嘆きました。しかし一方では、日本の笑いの可能性を信じ、「笑いの世界民俗学」が生まれる遠い未来を展望してもいました。私はその種が蒔かれた土壌に水をやる作業の一歩を進めたいと思ったのです。

柳田は「烏滸」の復権を願いましたが、そのような社会が復活するのはいつでしょうか。五十年後、百年後かもしれません。しかし、現在の「お金」と「有用性」優先の物質的社会、グローバル経済の競争主義社会とは対極にある価値観で「新たな社会」が創造されるとき、烏滸の者は再生するのではないか。私はそのような希望をもっています。

歴史を振り返れば、そのとき（現在）の価値観では役立たないもの、遅れていると思われるもの、不要とされているもの、それらが次の時代（未来）の社会を先導した例は数多く見られます。「烏滸の者」「烏滸の原理」もまた、新しい未来社会を先導する力となる可能性を秘めているのです。

現代社会では、狂気的価値のなかに笑いも烏滸の者も深く埋没しています。現代の「烏滸の者」の末裔たちは、社会のなかで排除され、隔離され、人知れずひっそりと生きているか、あるいは闘い傷ついてこの社会から逃亡しています。しかし、新たな社会の夢と希望を創り出すためには、そのような常ならぬ「烏滸の者」の末裔たちが必要なのです。常ならぬ「烏滸の者」の末裔たちは、行き詰まった現代社会の価値を逆転させる「新たな狂気」をつくり出すヒーローです。

競争と闘争、紛争と戦争、不自由と隷属、格差と差別を拡大する一方のグローバル化社会で、笑いは平安と共存をめざす「平和の祈り」であるともいえます。笑いには希望があり、革命的な力があります。笑いは未来への力なのです。

抑圧された消費する笑いから、豊かな気持ちが溢れ出る解放の笑いへ。喜びや充実感を伴う幸福な笑いへ――。笑いの質がそのように変わっていけば、笑いは周囲に感染し、さらに豊かな笑いを呼んで、世の中も変わっていくでしょう。そのとき、笑いを増殖させ、神の笑いを引き出して安寧を得ようとした古代の呪術的な笑いが、現代社会に新たな姿でよみがえるのだといえるかもしれません。

私たちは、そのような笑いをもたらしてくれる、誰か特別な「烏滸の者」を待たねばならないのでしょうか。そうではないと思います。烏滸の者の、あの世とこの世を結ぶ笑いは、耳を澄ませばいつでもどこでも聞こえてくるのです。心を開いて、こちらから笑いを捧げることで、笑いを贈られることもできます。私たちが求めるならば、「烏滸の者」は私たちひとりひとりの心のなかに見つけることができるのではないでしょうか。

あとがき

日本には、笑いを神に捧げて平安と安寧を祈る文化があり、その役割を負う「烏滸《おこ》の者」の文化がある。笑いは、日本文化の深い泉の水底に湧き出ている。そして世界の新しい「あるべき社会」は、私たちの祖先の築いたこのような文化の中から生まれてくるのではないか――。そのような思いと願いをこめてこの本を書き上げました。

本書のきっかけは三年前にさかのぼります。

私は京都駅近くのホテルの円卓で山折哲雄先生の隣に座っていました。山折先生は宗教学の碩学で、「涙骨賞」の審査員のひとりでした。「涙骨賞」は、『中外日報』を創刊した明治時代の反骨の新聞人、真渓涙骨《またにるいこつ》を讃えて株式会社中外日報社が募集する懸賞論文の賞です。私は幸運にも、「蟻のベルクソン、手話する哲学者――進化に『生命の跳躍』を見た男」という論文で、第六回涙骨賞最優秀賞を受賞することになり、授賞式に出席していたのです。

大御所の山折先生の横で私は緊張していました。受賞スピーチを終えてほっとしたのもつかの間、山折先生から「次は何を書きますか」と尋ねられたので、思わず、ずっと心に秘めてきたテーマが口をついて出てしまいました。

「柳田国男の笑い論を書きたいと思います」

それがすべての始まりでした。私は柳田国男の笑い論についてどうにか拙い論考を書き上げると山折先生にお送りしました。すると思いがけず、山折先生がその原稿を、月刊『望星』の前編集長で東海教育研究所常務取締役の岡村隆氏にご紹介くださったのです。

そして海のものとも山のものとも分からないような混沌とした初稿の短い論考が、姿形を大きく変えて、このような本になりました。私の存在と考えていることを紹介し、ご推薦いただいた山折先生、そしてそこから本書の刊行を企画し、実現への機会を与えてくださった東海教育研究所の皆様、とくにいつも的確な助言をいただき、最後まで献身的に本書の完成に尽力くださった岡村隆氏に、心から感謝しています。

本書を手に取ってくださった読者の皆様、ありがとうございます。もし本書が笑いのもつ意味や日本文化の奥深さをお伝えできれば、著者としてこれほど嬉しいことはありません。

本書の完成を心待ちにして、いつも応援し励ましてくれた家族、友人、知人たちにも、この場をお借りして感謝したいと思います。

最後に、あれからもう二年余となる東日本大震災で犠牲となった方々に哀悼の意を表し、大震災と福島原発事故の被災者の方々の平安と安寧を祈りつつ、新しい温かな未来の社会を心に描きながら筆を閉じます。

二〇一三年五月

樋口和憲

【著者プロフィール】
樋口 和憲（ひぐち・かずのり）

1959年、東京都生まれ。東京都立大学（現・首都大学東京）法学部卒業。独立行政法人日本学術振興会国際事業部勤務を経て、同ワシントン研究連絡センター副所長、ボン研究連絡センター副所長などを歴任。アメリカおよびドイツの学術動向調査、学術関係機関との調整業務などに従事した。現在、独立行政法人日本学術振興会学術システム研究センター専門調査役を務める。著書に『グランドファーザーの贈り物 都市文明を超えて――聖なる環（サークル）に生きる』（新風舎）。論文『蟻のベルクソン、手話する哲学者――進化に「生命の跳躍」を見た男』で第六回涙骨賞最優秀賞（中外日報社）を受賞。

笑いの日本文化 「烏滸の者」はどこへ消えたのか？

2013年6月24日　第1刷発行

著　者 ―――― 樋口和憲
発行者 ―――― 原田邦彦
発行所 ―――― 東海教育研究所
〒160-0023 東京都新宿区西新宿 7-4-3 升本ビル
電話 03-3227-3700　FAX 03-3227-3701
発売所 ―――― 東海大学出版会
〒257-0003 神奈川県秦野市南矢名 3-10-35 東海大学同窓会館内
電話 0463-79-3921
組版所 ―――― 茉莉花舎
印刷所 ―――― 株式会社平河工業社

月刊『望星』ホームページ―― http://www.tokaiedu.co.jp/bosei/
Printed in Japan　ISBN978-4-486-03750-7　C0039
定価はカバーに表示してあります。

人類滅亡を避ける道

関野吉晴対論集

関野吉晴 著　四六判　280 頁　定価（1,800 円 + 税）

ISBN　978-4-486-03748-4

誕生以来 700 万年、偉大な旅（グレートジャーニー）をしてきた人類。だが、このままでは世界は破滅だ！ われわれがこの地球上で生き残るため、考えられる「旅路」はあるのか？ 山折哲雄、船戸与一、藤原新也、池澤夏樹、島田雅彦ら 9 人と語り合う。

「幻の街道」をゆく

人々の幻影を求め歩く歴史紀行

七尾和晃 著　四六判　200 頁　定価（1,600 円 + 税）

ISBN　978-4-486-03744-6

正史からは見えない、日本人が忘れた道、隠された道。たどれば、もうひとつの日本が見えてくる。幻となった街道を歩いた人々の幻影を求め歩く歴史紀行。

反欲望の時代へ

大震災の惨禍を越えて

山折哲雄×赤坂憲雄 著　四六判　304 頁　定価（1,900 円+税）

ISBN　978-4-486-03720-0

地震と津波、そして原発……。災厄の日々から、来るべき時代はどう展望出来るのか。深く広い対話に第二部として寺田寅彦、宮沢賢治らの作品を加えた「歩み直し」のための必読書！

カラスと髑髏（どくろ）

世界史の「闇」のとびらを開く

吉田　司 著　四六判　400 頁　定価（2,500 円 + 税）

ISBN　978-4-486-03717-0

古代アジアの「３本足のカラス」。資本主義の父ともなった海賊たちの「髑髏旗」。世界の「今」を成り立たせている現象の〈初源の姿〉を求め続けた「知の冒険」の集大成！

歴史の現場の意外な姿が、いま明らかになる。